La Campagna Della Forza di Spedizione Brasiliana per la Liberazione D'Italia

DURVAL DE NORONHA GOYOS JR.

LA CAMPAGNA DELLA FORZA DI SPEDIZIONE BRASILIANA PER LA LIBERAZIONE D'ITALIA

Traduzione di
Francesca Cricelli

CULTURA ACADÊMICA
Editora

© 2014 Durval de Noronha Goyos Jr.

Titolo originale: *A campanha da Força Expedicionária Brasileira pela libertação da Itália*

Cultura Acadêmica
Praça da Sé, 108
01001-900 – São Paulo – SP
Tel.: 55 (11) 3242-7171
Fax: 55 (11) 3242-7172
www.culturaacademica.com.br
feu@editora.unesp.br

CIP – Brasil. Catalogação na publicação
Sindacato Nazionale degli Editori di Libri

G745c

Goyos Júnior, Durval de Noronha
    La campagna della forza di spedizione brasiliana per la liberazione d'Italia / Durval de Noronha Goyos Jr.; traduzioni di Fernanda Pinheiro, Philip Badiz, Robert Williams. – 1. ed. – São Paulo: Cultura Acadêmica, 2014.

    Traduzione di: A campanha da força expedicionária brasileira pela libertação da Itália
    ISBN 978-85-7983-543-8

    1. Brasil. Exército. Força Expedicionária Brasileira. 2. Guerra Mundial, 1939-1945 – Brasil. 3. Brasil – Política e governo – 1930-1945. I. Título.

14-15058   CDD: 981.06
                                      CDU: 94(81).082/.083

Case editrici affiliate:

Asociación de Editoriales Universitarias
de América Latina y el Caribe

Associação Brasileira de
Editoras Universitárias

Dedicato al Sergente Ruy de Noronha Goyos del 6° Battaglione degli Ingegneri della FEB – Forza di Spedizione Brasiliana, nel suo centesimo compleanno.

CRONOLOGIA

28 ottobre 1922 – Benito Mussolini forma un Governo di coalizione in Italia.

30 ottobre 1930 – Il Presidente brasiliano Washington Luís viene deposto dal movimento armato diretto da Getúlio Vargas.

9 luglio 1932 – Inizia la Rivoluzione Costituzionalista a San Paolo.

30 gennaio 1933 – Adolf Hitler viene nominato Primo Ministro in Germania.

17 luglio 1934 – Accordata la Costituzione del '34 in Brasile.

27 novembre 1935 – Fallito il tentativo di *golpe* comunista a Rio de Janeiro.

5 maggio 1936 – Truppe fasciste italiane occupano Addis Abeba, capitale dell'Etiopia.

7 luglio 1937 – Incidente del Ponte Marco Polo in Cina. Invasione giapponese in Manciuria. Inizio della Seconda Guerra Mondiale.

10 novembre 1937 – Colpo di stato in Brasile perpetrato da Getúlio Vargas. Inaugurato lo Stato Nuovo. Promulgata la Costituzione del '37 in Brasile.

12 marzo 1938 – La Germania promuove l'unificazione con l'Austria, *Anschluss*.

11 maggio 1938 – Fallito il tentativo integralista a Rio de Janeiro.

30 settembre 1938 – La Germania assorbe la regione dei Sudeti, in Cecoslovacchia.

15 marzo 1939 – La Germania annette la Cecoslovacchia.

23 agosto 1939 – La Germania e l'Unione Sovietica firmano un patto di non aggressione.

1 settembre 1939 – Le forze naziste invadono la Polonia.

3 settembre 1939 – Regno Unito e Francia dichiarano guerra alla Germania. Comincia la fase europea della Seconda Guerra Mondiale.

4 settembre 1939 – Comincia il blocco navale britannico alla Germania.

17 settembre 1939 – Le truppe sovietiche invadono la Polonia.

9 aprile 1940 – La Germania invade la Danimarca e la Norvegia.

10 maggio 1940 – La Germania invade la Francia, il Belgio e il Lussemburgo. Winston Churchill è nominato Primo Ministro britannico.

10 giugno 1940 – L'Italia attacca il Regno Unito e la Francia.

14 giugno 1940 – Truppe naziste occupano Parigi.

18 giugno 1940 – Il Generale Charles de Gaulle forma il Governo francese in esilio a Londra, nel Regno Unito.

22 settembre 1940 – Il Giappone occupa il Vietnam.

30 settembre 1940 – Germania, Italia e Giappone celebrano l'Alleanza dell'Asse (Patto Tripartito).

28 ottobre 1940 – L'Italia attacca la Grecia.

31 marzo 1941 – Inizio dell'offensiva tedesca in Africa settentrionale.

6 aprile 1941 – Le truppe naziste tedesche attaccano la Iugoslavia e la Grecia.

5 maggio 1941 – La Germania stabilisce una base di sottomarini a Dakar, nel Senegal, per le operazioni di ingaggio nella battaglia dell'Atlantico meridionale.

22 giugno 1941 – Adolf Hitler lancia l'operazione Barbarossa e invade l'Unione delle Repubbliche Socialiste Sovietiche (URSS).

9 agosto 1941 – Roosevelt promuove la Carta Atlantica in un incontro con Churchill, elencando i valori fondamentali.

23 novembre 1941 – L'Italia viene sconfitta dalle truppe britanniche in Etiopia e in Somalia.

7 dicembre 1941 – Il Giappone attacca le basi americane a Pearl Harbour, nelle Hawaii.

8 dicembre 1941 – Gli Stati Uniti dichiarano guerra all'Impero Giapponese.

25 dicembre 1941 – Hong Kong, colonia britannica, si arrende alle truppe giapponesi.

1 gennaio 1942 – Gli Alleati sottoscrivono la Dichiarazione delle Nazioni Unite.

28 gennaio 1942 – Incontro tra cancellieri americani a Rio de Janeiro. Il Brasile rompe i rapporti con gli Stati dell'Asse. La Germania dichiara guerra al Brasile.

15 febbraio 1942 – Singapore si arrende alle truppe giapponesi.

2 marzo 1942 – Viene creata la base aerea a Parnamirim, Natal, Rio Grande do Norte, Brasile.

3 marzo 1942 – Il Brasile e gli Stati Uniti firmano un accordo *Lend-Lease*.

11 marzo 1942 – Il Giappone conquista le Filippine, la Nuova Guinea, Giava e la Birmania.

15 agosto 1942 – Sottomarini tedeschi affondano sei navi mercantili brasiliane nel nord-est del Paese.

31 agosto 1942 – Il Brasile dichiara guerra alla Germania e all'Italia.

14 gennaio 1943 – Riunione strategica a Casablanca tra Roosevelt, Churchill e Stalin.

28 gennaio 1943 – Il Presidente Getúlio Vargas incontra il Presidente Franklin D. Roosevelt a Natal, Rio Grande do Norte, Brasile.

31 gennaio 1943 – Le forze naziste si arrendono all'Armata Rossa a Stalingrado.

9 agosto 1943 – Creata la FEB – Forza di Spedizione Brasiliana.

28 agosto 1943 – L'Italia si arrende, ma le forze fasciste continuano a lottare per l'Asse e contro gli Alleati sotto il regime della Repubblica di Salò.

3 settembre 1943 – Le forze alleate sbarcano in Calabria, nel sud Italia.

8 settembre 1943 – Il Governo italiano firma l'armistizio con gli Alleati.

7 ottobre 1943 – Il Generale della Divisione João Batista Mascarenhas de Moraes è nominato comandante della FEB – Forza di Spedizione Brasiliana.

23 novembre 1943 – Vertice al Cairo tra Roosevelt, Churchill e Chiang Kai-shek.

28 novembre 1943 – Vertice a Teheran tra Stalin, Roosevelt e Churchill.

5 giugno 1944 – Gli Alleati liberano Roma.

6 giugno 1944 – Gli Alleati invadono la Normandia.

30 giugno 1944 – La Forza di Spedizione Brasiliana si imbarca a Rio de Janeiro per le operazioni nel teatro di guerra italiano.

1 luglio 1944 – Comincia la conferenza di Bretton Woods, nel New Hampshire, Stati Uniti.

25 agosto 1944 – Liberazione di Parigi da parte degli Alleati, con le truppe di *Francia Libera* in avanguardia.

10 settembre 1944 – Entra in azione in Italia il Primo Gruppo di Caccia della Forza di Spedizione Brasiliana.

16 settembre 1944 – L'artiglieria della Forza di Spedizione Brasiliana entra in azione. È liberata la prima delle 50 città, Massarosa, di grande importanza strategica.

17 gennaio 1945 – Liberazione di Varsavia da parte dell'Armata Rossa.

4 febbraio 1945 – Vertice strategico a Yalta tra Stalin, Roosevelt e Churchill.

21 febbraio 1945 – La Forza di Spedizione Brasiliana entra a Monte Castello con il sostegno del Primo Gruppo di Caccia della FAB – Forza Aerea Brasiliana.

13 marzo 1945 – L'Armata Rossa occupa Vienna.

14 aprile 1945 – La Forza di Spedizione Brasiliana libera Montese e fraternizza con la popolazione locale.

26 aprile 1945 – La Forza di Spedizione Brasiliana porta alla resa la 148ª Divisione Tedesca, con oltre 21mila combattenti.

28 aprile 1945 – Benito Mussolini è fucilato dalla resistenza nel nord Italia.

1 maggio 1945 – Adolf Hitler si toglie la vita nel suo *bunker* a Berlino.

8 maggio 1945 – La Germania si arrende incondizionatamente agli Alleati.

26 giugno 1945 – Viene firmata la Carta delle Nazioni Unite.

2 settembre 1945 – Il Giappone si arrende incondizionatamente agli Alleati.

29 ottobre 1945 – Un *golpe* militare destituisce il Presidente brasiliano Getúlio Vargas.

2 dicembre 1945 – Elezioni democratiche in Brasile.

2 giugno 1946 – Proclamazione della Repubblica Italiana.

18 settembre 1946 – Promulgazione della Costituzione democratica in Brasile.

INDICE DELLE ILLUSTRAZIONI

Mussolini al suo apice   37
Hitler domina Parigi   49
Il Presidente Getúlio Vargas   69
Il Cancelliere Oswaldo Aranha   70
Carta delle colonie tedesche in Brasile   77
La guerra navale sulle coste brasiliane   82
Emblema della Forza di Spedizione
   Brasiliana   108
La Campagna della Forza di Spedizione
   Brasiliana in Italia   109
Generale Mascarenhas de Moraes,
   comandante della Forza di Spedizione
   Brasiliana   110
Sergente Ruy de Noronha Goyos, del 6º
   Battaglione di Ingegneria della Forza di
   Spedizione Brasiliana   111
Sergente Ruy de Noronha Goyos e
   compagni a Monte Castello   112
Emblema del 1º Gruppo di Caccia della
   Forza Aerea Brasiliana   113

Soldato della Forza di Spedizione Brasiliana Menasses de Aguiar Barros in addestramento prima dell'imbarco per l'Italia   114
Primo Tenente dell'Artiglieria Rubens Resstel   115
Capitano Plínio Pitaluga   116
Emblema dell'ONU   126

INDICE

Cronologia   7
Prefazione del Tenente Brigadiere
dell'Aeronautica, Sérgio Xavier Ferolla   17
Introduzione   21

L'Italia fascista   27
La Germania nazista   39
Aspetti del Brasile alla fine degli anni '30 e
primi anni '40   51
La difesa della costa del Brasile e la
guerra marittima e aerea nell'Atlantico
meridionale   71
La campagna della Forza di Spedizione
Brasiliana in Italia   83
Epilogo   117

Postfazione   127
Bibliografia   131
Indice   137
Sull'autore   141

Prefazione del Tenente Brigadiere dell'Aeronautica, Sérgio Xavier Ferolla

Rappresenta un fatto di buon auspicio, per la sua rarità nell'ambiente accademico del nostro Paese, soprattutto per quei brasiliani attenti alle conseguenze delle azioni di interesse nazionale, poter disporre della preziosa testimonianza di un noto intellettuale, oltre che rinomato esponente nel panorama giuridico nazionale e internazionale.

Questo messaggio, così rilevante e patriottico, è stato presentato in occasione dell'apertura della tradizionale Settimana d'Italia, in quanto pieno di legami di prezioso valore storico. Figlio di madre italiana e cittadino del Brasile e dell'Italia, il Dott. Durval de Noronha Goyos, invitato come relatore, ha esposto, in modo magistrale, il notevole contributo della campagna militare della FEB – Forza di Spedizione Brasiliana e ciò che questa ha rappresentato nella promozione dello Stato di Diritto, dell'osservanza dei diritti umani e nella diffusione dell'ordine democratico su scala globale.

Alla fine degli anni '50, mentre iniziavo la mia carriera come ufficiale aviatore, integrando il gruppo degli effettivi del Primo Gruppo di Aviazione di Caccia, ebbi come istruttori e comandanti alcuni degli eroici combattenti che registrarono una forte presenza nei cieli italiani, come: Hélio Langsh Keller, comandante del Gruppo; Fortunato Câmara de Oliveira, bravissimo caricaturista e creatore del simbolo dello struzzo; Rui Moreira Lima, autore del libro *Senta a Pua*, e tanti altri. Uomini guardati con grande rispetto e ammirazione dai giovani tenenti, e capaci di trasmettere ai più giovani la loro esperienza di combattenti e lo spirito che univa tutti, in terra e in cielo. Con soddisfazione ci comunicavano l'armoniosa e allegra convivenza con la popolazione civile e l'accoglienza che molti ricevettero da parte dei *partigiani*, i quali impedirono il loro arresto, quando si verificarono abbattimenti in territorio nemico.

Importanti attori nella lotta per lo smantellamento del regime fascista nel territorio italiano, dove furono ricevuti con grande simpatia dalla popolazione oppressa, gli eroici combattenti brasiliani, in terra e in cielo, andarono oltre le sanguinose battaglie, facendo in modo che il 2 giugno 1946 si realizzasse il plebiscito col quale il popolo italiano decise di porre fine alla Monarchia e optò per la Repubblica.

Con un approccio meticoloso e ben documentato, l'autore ripercorre storicamente gli eventi militari, sociali ed economici che hanno condotto le nazioni al cataclisma della Seconda Guerra Mondiale, durante la quale milioni di vite furono barbaramente falciate.

Il terremoto politico-militare che coinvolse tutta l'umanità massimizzò i radicalismi ideologici e i loro interessi politici ed economici in tutte le regioni del mondo. In Europa, soprattutto, con la ridefinizione delle nuove frontiere territoriali, vi fu una chiara bipartizione: le nazioni a Est, forzatamente unite sotto il dominio della Russia comunista, mentre a Ovest del continente fu seguita una politica dettata dagli Stati Uniti d'America. La cosiddetta Guerra Fredda si apprestava a diventare così la nuova minaccia per l'umanità.

In tutti i continenti, questa bipolarità prospettò un pericoloso scenario, caratterizzato da nuove specificità ed espedienti di dominio. Offensive militari delocalizzate e dispute economiche a beneficio dei più forti furono stimolate dai detentori delle terribili armi di distruzione di massa.

Già nel 1971, parlando con i tirocinanti della Scuola Superiore di Guerra, l'allora Ambasciatore del Brasile a Washington, Araújo Castro, affermò:

in diverse occasioni, alle Nazioni Unite, dinanzi all'Assemblea Generale e dinanzi al Consiglio Economico e Sociale, il Brasile sta cercando di caratterizzare ciò che ora si delinea, in modo chiaro, come una ferma e non dissimulata tendenza verso il congelamento del potere mondiale. E quando parliamo di potere, non ci riferiamo, soltanto, al potere militare, ma anche al potere politico, economico, scientifico e tecnologico.

In uno scenario globale, l'influenza economica e finanziaria ha portato ad un modello di apertura dei mercati disordinato, il cui obiettivo principale si riassume nella massimizzazione dei guadagni e nel controllo dei Paesi in via di sviluppo, fortemente dipendenti in quanto a risorse economiche e tecnologiche. La voracità di questo mercato divinizzato ha esteso i suoi danni a tutta l'umanità, culminando in una crisi sistemica di tutti i settori dell'economia e nel crollo dei mercati finanziari internazionali.

La crisi, tuttora in atto nei primi decenni del XXI Secolo, ha creato un clima di disperazione e un terreno fertile per l'insorgenza di agitazioni pubbliche in diversi Paesi, in particolar modo nel continente europeo, dove ha dato vita ad uno scenario preoccupante dal punto di vista sociale ed economico. I *leaders* mondiali, intenti a trovare azioni di recupero delle economie danneggiate, dovrebbero tenere a mente il discorso premonitore dell'economista inglese John Maynard Keynes che nel 1919, commentando il Trattato di Versailles, concluse che:

> [...] non sempre le persone accettano di morire di fame in silenzio: alcune sono dominate dal torpore e dalla disperazione, ma altre hanno caratteri che si infiammano, guidati da instabilità nervosa e da isteria, potendo distruggere ciò che resta dell'organizzazione sociale, potrebbero annientare la civiltà con i loro tentativi di soddisfare disperatamente le necessità individuali.

Lo *choc* della catastrofe economica verificatasi nel 2008 ha imposto la presenza dello Stato, abbandonando l'idea che questa fosse un peccato capitale per alcuni noti pensatori neoliberali, impegnati nella difesa dell'iniezione di voluminose risorse nei settori della produzione, dei servizi e, persino, commettendo il "sacrilegio" dell'intervento statale nei templi finanziari della moribonda economia internazionale.

Il nostro Paese, grazie alla grandezza della sua gente, sta superando gli ostacoli che si interpongono sul suo cammino storico e, con sforzo e perseveranza, raggiungerà l'obiettivo di nazione grandiosa e giusta in materia di istruzione, salute e sicurezza con una società organizzata sotto i precetti della legge e dell'etica. Se necessario, saprà reprimere, internamente o esternamente, le minacce alla sovranità, così come le azioni degli individui e delle organizzazioni che affrontano le regole della convivenza sociale, il diritto dei cittadini e delle istituzioni nazionali.

Le ferme e patriottiche considerazioni dell'Ambasciatore Araújo Castro, nel 1971, riflettono ancora oggi la direzione della nazione brasiliana, nel sostenere che

> nessun Paese scappa al suo destino e, felicemente o infelicemente, il Brasile è destinato alla grandezza. Condannato a questa per diversi motivi: per la sua estensione territoriale, per la sua massa demografica, per la sua composizione etnica, per l'ordinamento socio-economico e per il suo incontenibile desiderio di progresso e sviluppo. O accettiamo il nostro destino come grande Paese, libero e generoso, senza risentimenti né pregiudizi, o corriamo il rischio di rimanere ai margini della storia, come popolo e come nazionalità.

Tenente Brigadiere dell'Aeronautica Sérgio Xavier Ferolla
Ministro del Tribunale Militare Superiore

Introduzione

Questo libro è il diretto risultato di una conferenza che ho tenuto all'apertura della *Settimana d'Italia*, il primo giugno 2013, invitato dalla società *Amici d'Italia*, nella città di São José do Rio Preto, nello Stato di San Paolo, Brasile. Il tema della conferenza, la Campagna della FEB – Forza di Spedizione Brasiliana durante la Liberazione d'Italia sta a cuore a tutti i brasiliani, discendenti o no d'italiani, per via del notevole contributo che l'azione delle truppe brasiliane ha avuto nella promozione dello Stato di Diritto, dell'osservanza dei diritti umani e nella prevalenza dell'ordine democratico su scala globale.

Questa campagna ha avuto una considerevole importanza per il processo di liberazione dell'Italia e delle forze che così tante disgrazie e sofferenza hanno portato al suo popolo. Infine, questo sentimento che ha ispirato l'azione brasiliana ha avuto impatti nazionali rilevanti: ha aiutato a far sedimentare quella democrazia che era ancora incipiente, per certi versi, in questa Patria.

Il giorno dopo la mia conferenza era il 2 giugno, il giorno della festa della Repubblica appunto. È stata così definita la data del plebiscito, nel 1946, nel quale il popolo italiano ha scelto la fine della Monarchia in favore dell'instaurazione della Repubblica Italiana, mettendo le basi per l'ordine costituzionale e per la democrazia in quel Paese. Secondo il Generale Mark Clark, comandante del V Esercito degli Stati Uniti d'America, al quale si è integrata la Forza di Spedizione Brasiliana "uomini di molte nazioni persero il loro sangue in Italia per la causa della libertà[1]." Tra questi vi sono stati molti eroi brasiliani.

Essendo figlio di madre italiana (e padre brasiliano) ed essendo io cittadino del Brasile e dell'Italia, ho avuto la doppia soddisfazione di trattare questo argomento, e devo ancora far presente l'enorme piacere di aver avuto al mio fianco, durante quell'occasione, mio zio Ruy Noronha Goyos, oggi 99enne, che servì con disciplina, lode e distinzione la causa del nostro Paese e delle libertà democratiche come membro della FEB – Forza di Spedizione Brasiliana nel teatro italiano di guerra. Allora era Sergente del 9° Battaglione di Ingegneria e partì da Rio de Janeiro nel giugno del 1944. I numerosi amici presenti in quell'occasione fecero un toccante e spontaneo omaggio al Sergente Ruy de Noronha Goyos.

Vorrei inoltre estendere i miei ringraziamenti alla cara amica, Rosalie Sanches y Gallo, Presidente dell'associazione *Amici d'Italia* per il bellissimo invito per la conferenza tenuta nella mia città natale e, ancora, al mio caro amico Adhemar Bahadian, ex-Ambasciatore del Brasile presso la Repubblica Italiana, per il suo suggerimento su come impostare il tema trattato, frustrato come era per la dimenticanza degli atti gloriosi della Forza di Spedizione Brasiliana non soltanto in Italia, ma anche, soprattutto, in Brasile.

Ricordo inoltre qui l'incoraggiamento ricevuto dal Prof. Luiz Alberto Monis Bandeira e dal Prof. Luis Antonio Paulino, i quali hanno letto il manoscritto iniziale. Ringrazio inoltre il Brigadiere Sérgio Xavier Ferolla che ha scritto la prefazione del libro con ricordi preziosi e poi il Dott. Walter Sorrentino che ha curato invece la postfazione, ricordando alcuni valori fondamentali. Ho voluto una postfazione perché l'eredità delle azioni della Forza di Spedizione Brasiliana segna, fino ad oggi, la struttura costituzionale del Brasile e riflette desideri nazionali sui nostri giorni, oltre ad aver contribuito

---

1 Messaggio del generale Mark Clark ai patrioti, 5 maggio 1945.

alla strutturazione del diritto internazionale vigente, così come afferma valori così cari all'umanità.

Il mio amico, compagno di classe ed ex-socio, il Dott. Aurélio Guzzoni, ha letto gli originali del libro e ha fatto dei commenti molto utili, per i quali gli sono molto grato, oltre ad aver dato un resoconto sulla storia dei membri della sua famiglia durante la resistenza al nazi-fascismo nella città di Bergamo, in Lombardia, come si legge in questo libro.

Dopo la conferenza presso l'associazione *Amici d'Italia* viaggiai per due settimane in Italia, visitai la regione nella quale si sviluppò il teatro delle operazioni della Forza di Spedizione Brasiliana, che conoscevo ormai da oltre 25 anni, e potetti anche ricercare alcuni archivi storici sulla resistenza, così come gli scritti di Antonio Gramsci e Palmiro Togliatti sul fascismo e altri, sul nazismo.

A quel punto, il lavoro si espanse come risultato delle mie note fatte in quell'occasione, note anche sulla geografia della regione dove operarono le truppe brasiliane, quelle che sono descritte nei resoconti delle azioni della Forza di Spedizione. Scelsi come centro delle operazioni la città di Levanto, in Liguria, dove mi furono compagne mia figlia, Anita de Noronha Goyos, e la mia figlioccia, Georgia Daneri.

In questo libro, si trascendono volutamente le azioni militari del Brasile durante la Seconda Guerra Mondiale poiché si cerca di contestualizzare il conflitto nelle sue evoluzioni economiche, politiche e sociali che influenzarono il mondo all'inizio del XX secolo e che portarono prima al fascismo, in Italia, e poi al nazismo, in Germania.

Ho cercato così di spiegare le condizioni sottostanti lo sviluppo del fascismo in Italia, all'inizio del 1920, così come le idee spurie del movimento, la sua politica di repressione interna e di espansionismo imperiale esterno, tutto in un quadro economico, sociale e politico esasperanti. In particolare, verrà attentamente analizzata la politica razzista di Mussolini.

Nello stesso modo, lo sviluppo del nazismo in Germania sarà analizzato partendo dalla fine della Prima Guerra Mondiale, nel 1918. Si trattano i conflitti politici di quell'occasione, il discredito rivolto alla democrazia ed il ruolo svolto dal nazionalismo tedesco proveniente dalla formazione dello Stato nazionale, nel 1870, nella formazione del pensiero nazista. Analizzerò inoltre la politica espansionistica di Hitler, nelle relazioni internazionali, il recupero economico avvenuto e la repressione politica interna, in ambito domestico. Sarà trattato anche l'argomento del razzismo.

In Brasile, discuterò l'evoluzione economica, sociale e politica partendo dalla crisi del 1929 e dai suoi effetti interni. Esaminerò la rivoluzione del 1930 e i diversi sviluppi politici avvenuti nelle decadi del 1930 e 1940. Saranno narrati aspetti del commercio estero e del pendolarismo politico del Presidente brasiliano Getúlio Vargas. Tratterò, inoltre, come si presentava la situazione nella nazione delle colonie di immigranti: italiani, la più grande comunità al mondo; giapponesi, anche questa la più grande nel mondo; e tedeschi, la seconda più grande al mondo, in quel periodo.

Presenterò l'evoluzione dei rapporti esterni del Brasile evidenziando la rottura dei rapporti con le potenze dell'Asse agli inizi dell'anno 1942, il che generò situazioni di belligeranza con la Germania e con l'Italia fascista. Descriverò le circostanze e i rischi, valutandola come un atto di enorme coraggio politico da parte del Governo di Getúlio Vargas, che si materializzò quando le potenze dell'Asse stavano per vincere la guerra.

Tratterò inoltre la guerra costiera e sull'Atlantico meridionale, dalla perdita di navi brasiliane a quelle degli Alleati e le rispettive conseguenze per il Paese. Esaminerò la rilevanza del trasporto navale in quel periodo. Descriverò la situazione della Marina brasiliana e della sua lodevole azione in quell'occasione, nella protezione dei convogli e del trasporto nord-sud in Brasile. Esaminerò le azioni della FAB – Forza Aerea Brasiliana, creata come un'arma indipendente nel 1941, nel combattere i sottomarini delle potenze dell'Asse.

Saranno segnalati gli accordi presi tra Vargas e Roosevelt per l'invio di una Forza di Spedizione Brasiliana verso il teatro delle operazioni italiane. Inoltre sarà affrontata la formazione della Forza di Spedizione Brasiliana e la nomina del suo comandante, così come i criteri di selezione dei suoi membri. Sarà analizzata la formazione del

Gruppo di Caccia della FAB – Forza Aerea Brasiliana e la nomina del suo comandante. Sarà esposto il sostegno straordinario ricevuto dall'opinione pubblica nazionale per la missione umanitaria delle forze armate del Brasile, un onere sostenuto dalla nazione brasiliana anche dal punto di vista economico con il pagamento totale degli armamenti forniti dagli Stati Uniti per il progetto *Lend-Lease*.

Saranno poi presentate le azioni straordinarie dell'Esercito brasiliano nella Forza di Spedizione, le loro conquiste strategiche e la liberazione delle città italiane, l'assedio di un'intera divisione tedesca dopo un avanzamento di 209 chilometri e le vittime cadute. Sarà fatto un resoconto dell'azione eroica della FAB – Forza Aerea Brasiliana nel teatro delle operazioni italiane e saranno analizzati i risultati sproporzionalmente elevati delle loro azioni, così come il sacrificio personale dei membri.

Nell'epilogo farò una valutazione delle conseguenze della Seconda Guerra Mondiale sui rapporti internazionali e nella formazione del diritto pubblico internazionale, così come sull'avanzamento dell'etica pubblica. Esaminerò ancora gli effetti dei conflitti in Brasile, in Italia, in Germania e in Giappone, così come gli eccellenti rapporti del Brasile con gli altri Paesi nel dopoguerra.

Infine, spero che questo modesto lavoro servirà per aiutare a contribuire alla manutenzione della memoria storica dell'importanza dell'azione brasiliana per la Liberazione d'Italia così come per la preservazione dei migliori valori umanitari, così che questi siano sempre preservati. Allo stesso modo, desidero che questo libro, e i ricordi che sono qui trascritti, servano ancora di più per avvicinare il Brasile e l'Italia in lacci fraterni e amichevoli che s'impongono non soltanto per idee comuni, ma per il forte elemento sociologico che è contenuto e portato dall'immigrazione italiana in Brasile.

Il libro è presentato con il seguente piano:

Introduzione;
L'Italia fascista;
La Germania nazista;
Aspetti del Brasile alla fine degli anni '30 e primi anni '40;

La difesa costiera del Brasile e la guerra marittima e aerea nell'Atlantico meridionale;
La campagna della Forza di Spedizione Brasiliana in Italia;
Epilogo.

L'ITALIA FASCISTA

Il giovane Luiz Alberto Moniz Bandeira, che di seguito sarebbe diventato il più grande storico brasiliano di tutti i tempi, nell'ottobre del 1969, nella prefazione dell'opera[1] del grande giurista brasiliano, il professor Alberto da Rocha Barros, spiegò che

> il fascismo, al contrario di ciò che molti immaginano, non è un fenomeno particolare dell'Italia e della Germania e che, in un determinato momento storico, avrebbe potuto diffondersi in tutto il mondo. È un fenomeno che sorge dove e quando il capitale finanziario non riesce più a mantenere l'equilibrio della società attraverso i mezzi normali di repressione, rivestiti dalle forme classiche di legalità. Naturalmente, secondo le condizioni specifiche del tempo e del luogo, il fascismo assume caratteristiche e colori diversi però. In sostanza, esso rimane un tipo di Stato peculiare, un sistema di atti di forza e di terrore inflitto dalla polizia, uno stato permanente di contro-rivoluzione. È il regime della guerra civile dichiarata anche se non istituzionalizzata.

---

[1] Da Rocha Barros, Alberto. *Que é o Fascismo*. Gráfica Editora Laemmert AS, Rio de Janeiro, 1969.

Infatti, il fascismo fu responsabile della creazione di neologismi quali "totalitarismo" e "totalitario", con i quali i suoi seguaci descrissero il potere assoluto dello Stato, sotto il controllo di un uomo caparbio, il *Duce*. Il dittatore totalitario si comporta in Patria come un conquistatore straniero. Così, il regime totalitario ha come obiettivo il dominio assoluto della nazione e il suo controllo attraverso l'uso generalizzato della violenza dello Stato contro la società civile.

La mancanza di rispetto e il disprezzo di Mussolini per la società civile e le sue diverse manifestazioni erano non solo sorprendenti, ma vergognosi. Sul sentimento nazionale, il Duce affermò che "l'opinione pubblica è una puttana che sta col maschio che vince[2]"(*sic*). Giovanni Giurati, Segretario del Partito Fascista, a sua volta, pontificò che "la pace non è giustizia. Solo la violenza prevale[3]".

L'accettazione del potere assoluto del dittatore è ben caratterizzata nel giuramento dei *balilla*, la gioventù fascista, che imponeva loro che: "in nome di Dio e dell'Italia, giuro seguire gli ordini del Duce e servire con tutte le mie forze e, se necessario, con il mio sangue, la causa della rivoluzione fascista[4]". A sua volta il decalogo miliziano, nel nono paragrafo, affermava: "Mussolini ha *sempre* ragione[5]".

Il fascismo, secondo Eric Hobsbawm[6], non rinnegò soltanto Marx, ma anche Voltaire e John Stuart Mill. Rifiutò anche tutta l'eredità dell'Illuminismo, nello stesso modo in cui venne fatto dal socialismo e dal comunismo. Politicamente, il fascismo si presentava come la contraddizione dello Stato democratico di Diritto. Di fatto, secondo Mussolini, "la libertà non è un fine. È un mezzo. E come

---

2 "L'opinione pubblica è una puttana e va con il maschio che vince." Marco Innocenti. *Ciano – Il fascista che sfidò Hitler*. Ugo Mursia Editore, Milano, 2013, pag. 99.
3 W. J. Marin. *War over Ethiopia*. Jarrolds Publisher, London, 1935, pag. 229.
4 Galeotti, Carlo. *Saluto al Duce*. Gremese Editore, Roma, 2001, pag. 20.
5 Galeotti, Carlo. *Op. Cit.*, pag. 21.
6 Hobsbawn, Eric. *How to Change the World – Tales of Marx and Marxism*. Abacus, Londra, 2012, pag. 268.

mezzo, deve essere controllata e dominata[7]." Nello stesso modo, Hermann Göering, uno degli eroi nazisti, definì la moralità cristiana e l'umanesimo illuminista come "questi ideali stupidi, falsi e malati[8]".

In questo senso, Palmiro Togliatti descrisse il fascismo come una "dittatura terrorista spalancata da parte dei più reazionari, sciovinisti e imperialisti tra gli elementi del capitale finanziario[9]". Il fascismo rappresentava, realmente, gli interessi dell'estrema destra, delle grandi imprese e delle banche, inoltre patrocinava un nazionalismo esacerbato. Mussolini, cercò inoltre di espandere gli interessi imperialisti e coloniali italiani *manu militari*, naturalmente.

Mussolini assunse il potere per mezzo di un colpo di stato, una marcia di circa 25 mila miliziani su Roma, il che portò il Re d'Italia, Vittorio Emanuele, il 28 ottobre 1922, a chiedere al Duce di firmare un governo di coalizione. Subito dopo, nel 1925, furono conferiti al Governo, già esclusivamente del fascismo, poteri straordinari e il regime diventò una dittatura assoluta, senza opposizione e autorizzò l'istituzionalizzazione della censura.

A quell'epoca, l'Italia contava circa 45 milioni d'abitanti. La sua era ancora un'economia prevalentemente agricola e il settore industriale italiano rappresentava meno del 33% del Prodotto Interno Lordo (PIL) lordo ed era concentrato nel nord del Paese. Il reddito di un abitante dell'Italia meridionale, ancora economicamente sottosviluppata, non andava oltre il 40% di quello di un abitante del nord del Paese.

Benché l'Italia fosse uscita dalla Prima Guerra Mondiale vittoriosamente, il risultato della sua partecipazione alla guerra era di oltre 600mila morti, un milione di mutilati e invalidi, e la sua economia completamente distrutta. La sua bilancia commerciale era negativa e la sua bilancia dei pagamenti a mala pena si equilibrava con le rimesse degli emigranti italiani sparsi per il mondo. Nel

---

7 Hibbert, Christopher. *Mussolini, the rise and fall of il Duce*. Palgrave Macmillan, New York, 2008, pag. 47.
8 Goldhagen, D.J. *H. Goering*. I. B. Tauris, Londra, 1996, pag. 457.
9 Togliatti, Palmiro. *Lectures on Fascim*. Einaudi, Londra, 1976, pag. 1.

dopoguerra occorse un fenomeno massiccio di disoccupazione, alta inflazione e depressione economica. Inoltre, Mussolini sapeva di poter contare su milioni di soldati mobilitati senza alcun indennizzo.

Così, la convulsione sociale risultata dal quadro economico propiziò l'ascesa al potere di Benito Mussolini e del suo movimento fascista[10]. Nel 1927 il Governo fascista entrò nella sua fase corporativistica, con un intervento generalizzato da parte dello Stato sull'ordine economico e sul sistema bancario e finanziario. È di questo anno la *Lettera del Lavoro* che sosteneva, nel suo primo articolo, che "la nazione italiana [...] è un'unità morale, politica ed economica, che si realizza integralmente nello Stato Fascista". La situazione del Paese è soltanto peggiorata dal 1929 in poi con la cosiddetta Grande Depressione mondiale.

La visione culturale del fascismo fu mediocre. Secondo lo storico italiano, Giorgio Bocca,

> una storia "senza eroi", come ricerca critica della verità, dei nodi socio-economici e politici, è scoraggiata, il Medioevo non piace, giacché "delle tenebre" non piace neanche il Rinascimento, poiché il suo carattere mercantilista e sovranazionale si presenta eretico [...] l'unico vero grande amore del fascismo è quello per le tradizioni romane, in un modo acritico che confonde i re, con la repubblica e l'impero, e allo stesso modo la società di duri e forti costumi con quella del lusso tirannico e del cosmopolitismo[11].

Come per corroborare l'affermazione precedente, lo stesso Benito Mussolini, da giovane giornalista e politico aveva già scritto che "in un uomo di Stato, la cosiddetta "cultura" è, in fin dei conti, un lusso inutile[12]."

---

10 Secondo Mussolini, "il fascismo non è un partito, ma un movimento". *Il Popolo d'Italia*, 23 marzo 1923.
11 Bocca, Giorgio. *Storia d'Italia nella Guerra Fascista.* Arnoldo Mondadori Editore, Milano, 1996. pagg. 67-68.
12 Benito Mussolini. *Imponete una disciplina!*, in *Il Popolo d'Italia*, 15 dicembre 1919.

Infatti, Mussolini cercò di promuovere il nazionalismo italiano in modo esacerbato, esaltando certi valori storici e culturali, scelti in modo casuale dalla sua valutazione della psicologia di massa. In tal senso lui, avvilendolo, si approfittò degli sforzi legittimi di sviluppo del carattere nazionale dell'Italia, unificatasi solo nel 1861, nel movimento in cui si distinsero Giuseppe e Anita Garibaldi. Il dittatore italiano proibì persino l'uso di parole straniere nella lingua italiana.

Secondo Lenin, l'ideologia fascista emerge soltanto "dopo il colpo comandato dagli avventurieri politici", e ispirata in diversi temi, che fanno soccombere tutto un concepimento universale di uomo e di mondo[13]. Lenin citerà ancora Mussolini nel 1921, quando quest'ultimo affermerà che "il fascismo italiano ha la necessità, sotto pena di morte, o ancora peggio, di suicidio – di munirsi di un corpo di dottrina[14][...]".

Secondo Palmiro Togliatti[15], Gramsci vide il fascismo come "un nuovo liberalismo nelle condizioni moderne" e la vittoria di Mussolini come "soluzione arbitraria di un conflitto con una prospettiva catastrofica". Togliatti completava il concetto di Gramsci presentando il fascismo come "la dittatura della borghesia".

Tuttavia, la crisi generale del sistema capitalista in Italia non fu interrotta dal regime fascista. Secondo Antonio Gramsci,

> nel regime fascista le possibilità di esistenza del popolo italiano furono diminuite. Occorse una riduzione del sistema produttivo... Il settore industriale in sé si salvò dal completo collasso solo grazie alla riduzione del livello della vita della classe operaia, all'aumento delle ore di lavoro, all'inflazione[16]...

---

13 Lenin. *Cahiers sur la dialectique de Hegel*. Gallimard, 1967, pag. 10 (Traduzione in portoghese dell'autore, in italiano della traduttrice).
14 Mussolini, *Lettere a Bianchi, 27 agosto 1921*, apud Lenin, Op. Cit., pag. 10, nota 1.
15 Togliatti, Palmiro. *Corso sugli avversari. Le lezioni sul fascismo*. Einaudi, Milano, 2010, pag. 6.
16 Gramsci, Antonio. Ordine Nuovo, 1 marzo 1924, apud Luciano Canfora, *Gramsci in carcere e il fascismo*. Salerno Editrici, Roma, 2012, pag. 203 et. seq.

Anche le classi medie, che avevano rimesso nel regime fascista le proprie speranze "furono colte dalla crisi generale[17]".

Nel 1935, 500mila uomini delle forze armate fasciste invasero l'Etiopia, una delle due aree dell'Africa che non erano ancora cadute in mano imperialista e utilizzarono per conquistarle, *inter alia,* ricorrendo al gas mostarda (iprite) e a granate per l'artiglieria caricate ad arsine. Deposero l'Imperatore Hailè Selassiè, con il sostegno della Chiesa Cattolica, infliggendo del 20% il costo del bilancio annuale dell'Italia. Poverissima, l'Etiopia contava in quel periodo 10 milioni di abitanti, ancora esisteva la schiavitù e il suo commercio estero era di soli 2 milioni di sterline[18]. Il suo principale prodotto d'importazione, il sale, rappresentava il 41% del suo profile all'estero.

Il 5 maggio 1936 fu occupata la capitale del Paese, Addis Abeba. Allora Mussolini dichiarò: "L'Italia finalmente ha il suo impero. Un impero fascista, un impero di pace, un impero di civiltà e umanità[19]". Le dure sanzioni economiche imposte dalla Lega delle Nazioni, con l'iniziativa del Regno Unito, furono ridicolizzate dal dittatore italiano. In quel momento s'intensificò, da parte dell'Italia fascista, il processo di colonizzazione della Libia[20].

Secondo la cinica dichiarazione di Mussolini, la guerra in Abissinia fu fatta per realizzare la più alta giustizia sociale per quegli italiani che lottavano per le più elementari condizioni di vita. A sua volta, il Partito Comunista Italiano denunciò che i grandi capitalisti avrebbero guadagnato molto con la guerra in Abissinia, mentre il popolo italiano avrebbe pagato il prezzo della guerra, della colonizzazione e del conflitto più grande che si stava avvicinando[21].

---

17 Gramsci, Antonio. *Op. Cit.,* pag. 209.
18 W.J. Makin. *Op. Cit.,* pag. 229 *et seq.*
19 Bosworth, R.J.B. *Mussolini's Italy – Life under the Dictatorship.* Penguin Books, London, 2005, pag. 367.
20 In questo periodo si registra una diminuzione dell'emigrazione italiana verso il Brasile, il Governo fascista privilegiava la colonizzazione del suo impero in Africa.
21 Manifesto del Partito Comunista Italiano, Lo Stato Operaio, Agosto 1936.

Nel 1936, Mussolini s'impegnò a collaborare con Franco nella guerra civile spagnola inviando un contingente di 80mila miliari nella penisola iberica, in sostegno del fascismo spagnolo, contro le forze repubblicane del Governo democratico. In seguito, nel 1939 le truppe italiane deposero il re Zog, in Albania, e lì instaurarono l'ordine imperiale italiano. Queste azioni naturalmente allineavano l'Italia alla comunità delle nazioni e inoltre riuscirono ad avvicinare il Paese ad un'altra canaglia dell'ordine internazionale, la Germania nazista.

Lo Stato totalitario fascista, non accettando nessun potere parallelo, decise, sotto Mussolini, di combattere con forza la criminalità organizzata, soprattutto la Mafia, con un'azione eccezionale in Sicilia. Per questo nominò l'ex-sindaco di Bologna, Cesare Mori, che intraprese un'operazione militare organizzata contro la Mafia, tra il 1925 e 1929. Cosa che, naturalmente, ebbe il riconoscimento della popolazione italiana. Una campagna pubblicitaria mise in risalto l'efficacia della lotta contro la criminalità organizzata. Il partito fascista aveva allora 4,7 milioni di iscritti.

Nel 1937, Mussolini accettò l'invito di Hitler a visitare la Germania. Nello stesso anno, in novembre, l'Italia firmò un patto con la Germania e il Giappone contro il comunismo internazionale. Nel dicembre dello stesso anno, l'Italia si ritirò dalla Lega delle Nazioni. Nel 1938, Hitler fece una visita come ufficiale di Stato in Italia, rimanendo molto colpito dall'accoglienza ricevuta[22].

Il 22 maggio 1939, l'Italia e la Germania firmarono il cosiddetto Patto d'Acciaio, un'alleanza diplomatica e militare con caratteristiche offensive e difensive. Il futuro, a breve scadenza, dell'Italia era sigillato! Secondo il trattato, se un Paese parte del Patto fosse entrato in guerra, a prescindere dal fatto di essere o no l'aggressore, gli altri si sarebbero dovuti impegnare a sostenerlo con proprie forze militari. Il trattato fu un'iniziativa tedesca: venne firmato improvvisamente da Mussolini e fu duramente criticato dal suo Ministro degli Esteri,

---

22 Una folla salutò Hitler a Roma, Napoli e Firenze, secondo Joseph Goebbels, in *Diario* 1938, Arnoldo Mondadori Editore, Milano, 1993, pag. 152 *et seq.*

Galeazzo Ciano, il quale dichiarò che: "non è mai buono un trattato nel quale si accetta, senza discussioni, il testo proposto dall'altro contrattante[23]".

In realtà, Mussolini temeva di rimanere isolato in Europa in caso di conflitto tra la Germania e le democrazie occidentali. Egli aveva infatti già provato a intraprendere accordi in un trattato d'alleanza con la Francia e con l'Inghilterra, ma non aveva ottenuto alcun successo. Credette che il Patto d'Acciaio avrebbe fatto pressioni sulla Francia e avrebbe permesso all'Italia di esercitare a sua volta pressioni sulla Germania, con la finalità di ritardare almeno un confronto militare. Ma non era questa l'opinione del suo Ministro degli Esteri, che scrisse che erano i nazisti che cercavano la guerra a tutti i costi[24].

Mussolini, a sua volta, non era di certo un ingenuo e conosceva molto bene le potenziali difficoltà di un trattato difensivo ed offensivo firmato con la Germania nazista. Secondo il Duce, "i tedeschi erano terribili come nemici e insopportabili come amici[25]". Sempre secondo Mussolini, "nelle relazioni internazionali esiste solo una morale: il successo[26]".

Nel frattempo, le difficoltà economiche aumentarono in Italia: da una parte, a causa della pressione demografica e, dall'altra, a causa della perdita del potenziale reddito proveniente dalle rimesse degli emigranti, giacché l'emigrazione era stata ristretta per via della preferenza per il reclutamento militare durante il processo di colonizzazione.

Una delle pagine più atroci della dittatura fascista in Italia riguardò la politica razzista dello Stato. Nel 1938, sotto gli auspici del Ministro della Cultura Popolare, fu pubblicato[27] un manifesto che *inter alia* affermava: a) esistono le razze umane; b) ci sono grandi e piccole razze; c) il concetto di razza è puramente biologico; d) la

---

23 Innocenti, Marco. *Op. Cit.*, pag. 47.
24 Innocenti, Marco. *Op. Cit.*, pag. 58.
25 Innocenti, Marco. *Op. Cit.*, pag. 73.
26 Farrel, Nicolas. *Mussolini – A New Life*. Widenfeld & Nicholson, Londra, 2003, pag. 313.
27 "La Difesa della Razza", 5 agosto 1938.

popolazione d'Italia ha origine ariana per la maggior parte e la sua civiltà è ariana; d) esiste una razza italiana; e) è arrivato il momento in cui gli italiani si dichiarino razzisti; f) gli ebrei non appartengono alla razza italiana.

La Chiesa Cattolica si oppose ufficialmente contro queste misure.

Cosi l'Italia divenne l'unico Paese europeo, oltre naturalmente la Germania nazista, ad avere imposto leggi razziali addirittura prima dello scoppio della guerra.

Nel 1939, una legge[28] proibì il matrimonio tra italiani ed ebrei; vietò agli ebrei di lavorare nelle istituzioni finanziarie, nei giornali e negli studi notarili limitando il loro agire nelle cosiddette professioni intellettuali. Inoltre fu proibita la frequentazione di ebrei nelle scuole pubbliche italiane e anche il loro diritto di proprietà fu limitato. Goebbels disse che la legge razziale italiana fu "un successo trionfale[29]" per i tedeschi. La popolazione ebraica in Italia in quel momento era di circa 50mila persone.

Dopo lo scoppio della Seconda Guerra Mondiale, la situazione degli ebrei in Italia peggiorò notevolmente. Secondo Michele Sarfatti, dal dicembre del 1943,

> la maggior parte degli ebrei nella penisola furono arrestati e poi trasferiti ai campi di *screening* nazionale della polizia italiana [...] per poi essere deportati soprattutto nei campi di Auschwitz – Birkenau[30].

Nel 1944, tutti i beni di proprietà di ebrei furono trasferiti allo Stato[31].

A questo punto, si deve menzionare che il fascismo non ottenne mai il consenso nazionale italiano, pur avendo avuto un sostegno

---

28 Legge 1024, del 13 luglio 1939.
29 Goebbels, Joseph. *Op. Cit.*, pag. 234. Per lui, la legge era contro gli ebrei e contro l'Africa, in favore del nord ariano.
30 Sarfatti, Michele. *La Shoah in Italia – La persecuzione degli ebrei sotto il fascismo*. Giulio Einaudi Editore, Torino, 2005, pagg. 105-106.
31 Decreto Legislativo XXII 2, del 4 gennaio 1944. V. Michele Sarfatti, *Op. Cit.*, pag. 111.

entusiasta dalla maggior parte della popolazione, per molti anni. Ad esempio, nei comizi di Mussolini, importanti per la sua politica populista, si potevano vedere molte giovani donne italiane che tenevano i loro bambini ancora in braccio, li innalzavano e gridavano istericamente: "Duce, i nostri figli ti appartengono[32]".

Vale la pena evidenziare che importanti forze libertarie si opposero sempre al fascismo e il fatto che non si manifestarono con maggior vigore, fu dovuto unicamente al carattere brutale della dittatura imposta, che aveva mezzi e strumenti efficaci per combattere il dissenso per intero. Il tenace movimento di resistenza armata è un esempio lampante di questa situazione. Questo conferma il fatto che la resistenza civile contro il fascismo e le sue leggi razziali sempre esisté, sin dall'inizio dello spurio regime[33].

A Genova, il fiduciario del Ministero della Cultura Popolare osservò: "la classe operaia non ha compreso troppo bene la questione del razzismo che è un problema un po' difficile per la mente popolare e richiede delle cognizioni che la gran parte della popolazione non può avere"[34]. E in una nota da Genova affermò anche: "tra il popolino il provvedimento contro gli ebrei trova eco di compassione[35]".

Come esempio di resistenza civile attuata dall'opposizione, si può citare il caso del grande intellettuale italiano, Benedetto Croce che, insieme ad altri, firmò nel già 1925 un manifesto antifascista. Antonio Gramsci osservò:

> Mentre tanti intellettuali persero la testa e non seppero orientarsi nel caos generalizzato, rinnegando il proprio passato e fluttuando nella ricerca di chi fosse il più forte, Croce rimase imperturbabile

---

[32] D'accordo con il resoconto di Fabrizio Guzzoni a suo figlio Aurelio, che lo trasmesse all'autore il primo agosto 2013.
[33] Sturani Monti, Luisa (org.) *Antologia della Resistenza*. Centro del Libro Popolare, Torino, 1951, pag. 111.
[34] Sarfatti, M. *Gli ebrei nell'Italia fascista*, apud Avagliano, Mario e Palmieri, Marco. *Di Pura Razza Italiana*. Baldini & Castoldi, Milano, 2013, pag. 71.
[35] Avagliano, Mario e Palmieri, Marco. *Op. Cit.*, pag. 71.

nella sua serenità e nel proclamare la sua fede: metafisicamente, il male non può prevalere e la storia è razionalità³⁶.

A Bergamo, i fratelli Fabrizio e Vittorio Guzzoni, figli del proprietario dell'*Albergo Moderno*, Aurelio Guzzoni, entrarono a far parte della resistenza già dal 1940. Essendo stato identificato già all'inizio, Fabrizio attraversò la frontiera e si unì alla resistenza francese nel 1941 fin quando non restò ferito. Vittorio Guzzoni, a sua volta, continuò a fare parte della resistenza italiana in clandestinità fino alla fine della guerra militando nel *Partito d'Azione* col nome di battaglia: Fabrizio. Quando fu ferito, fu soccorso da una famiglia e lì conobbe la sua futura moglie. Dopo la liberazione tornò a Bergamo e diventò comandante della Piazza di Bergamo. Il vecchio Aurelio, a sua volta, fu arrestato per aver bruciato pubblicamente una bandiera fascista³⁷.

Mussolini al suo apice.

---

36 Gramsci, Antonio. *Il materialismo storico e la filosofia di Benedetto Croce*. Einaudi, Torino, 1948, pag. 179.
37 D'accordo con il resoconto personale conferito da Aurelio Guzzoni, il giovane, all'autore, nel 2013.

La Germania nazista

Il grande economista inglese, John Maynard Keynes, commentando nel 1919 il Trattato di Versailles, stipulato alla fine della Prima Guerra Mondiale, tra il 1914 e il 1918, affermò che "tra gli altri aspetti della transazione, credo che la campagna per ottenere dalla Germania le ingenti riparazioni del costo della guerra fu uno dei più gravi atti d'imprudenza politica commessi dai nostri statisti[1]".
Infatti, continua Keynes,

> [...] non sempre le persone accettano di morire di fame in silenzio: alcune sono dominate dal torpore e dalla disperazione, ma altre hanno caratteri che si infiammano, presi da instabilità nervosa ed isteria, potendo distruggere ciò che resta dell'organizzazione sociale, potrebbero annnientare la civiltà con i loro tentativi di soddisfare disperatamente le necessità individuali. È contro questo pericolo che tutte le nostre risorse, il nostro coraggio e il nostro idealismo devono cooperare[2].

---

1 Keynes, J.M. *As Consequências Econômicas da Paz*. Editora Universidade de Brasília, São Paulo, 2002, pag. 99.
2 Keynes, J.M. *Op. Cit.*, pag. 158.

Nessuno aveva previsto, come fece questo grande economista inglese con tanta chiarezza, precisione e discernimento, le condizioni propizie per il sorgere del nazismo in Germania. Quest'ambiente favoreggiò la sedimentazione della *leadership* di Adolf Hitler e del Partito Nazionale Socialista dei Lavoratori Tedeschi (*Partito Nazista*), pur non esistendo un programma di partito o un'ideologia che potesse presentarsi al popolo tedesco.

Al contrario, l'azione del partito era fondata sulla demagogia più terrificante, sui pregiudizi più vili e sulle promesse più ciniche e insostanziali. Nella sua opera di base, *Mein Kampf* – La mia lotta, Adolf Hitler presenta così la sua visione del mondo:

> Il Partito Nazista si appropria nelle caratteristiche iniziali del pensiero fondamentale di una concezione generalmente razzista del mondo; e, prendendo in considerazione la realtà pratica, il tempo, il materiale umano esistente, con le sue debolezze, forma una fede politica, la quale, a sua volta, all'interno di questo modo di comprendere la rigida organizzazione delle masse, autorizza a prevedere la lotta vittoriosa di questa nuova dottrina[3].

Ciò che importava a Hitler, più che un insieme di idee esposte su una piattaforma politica, era la strada verso il potere, ciò che metteva in risalto il suo opportunismo. Come osservò lo storico inglese, Ian Kershaw, gli oppositori di Hitler, molto spesso, sottovalutarono il dinamismo dell'idea nazista dovuto al suo carattere diffuso e al cinismo della sua propaganda[4]. Hitler aveva

> un messaggio di redenzione nazionale in uno scenario economico cupo, di miseria sociale, ansia e divisione, permeato di percezioni di fallimento ed incompetenza degli apparentemente piccoli politici, tale messaggio fu poderoso[5].

---

3 Hitler, Adolf. *Minha Luta*. Centauro Editora, São Paulo, 2005, pag. 293.
4 Kersahw, Ian. *Hitler 1889-1936: Hubris*. The Penguin Press, London, 1998, pag. 253.
5 Kershw, Ian. *Op. Cit.*, pag. 331.

L'originalità di questo scenario di redenzione nazionale riguardava il ruolo della Germania nell'ordine globale in contraddizione con il sistema economico imperialista e coloniale, dominato dall'Inghilterra e dagli Stati Uniti d'America. Hitler scelse di fare una sfida epica a questo sistema e per raggiungere questo fine fece leva sulle frustrazioni del popolo tedesco[6]. Questa sfida fu la risposta alla crisi del sistema capitalistico globale, che permetteva la crescita economica selettiva di alcuni.

Leon Trotskij, un intellettuale della Rivoluzione Russa e fondatore dell'Armata Rossa, commentò con acutezza che "il socialnazionalismo scend molto di più: dal materialismo economico verso il materialismo zoologico". Il Nazismo raccoglieva "tutta la spazzatura del pensiero politico internazionale [...] per così farci un tesoro intellettuale del nuovo messianismo tedesco[7]".

Nel 1933, la Germania soffriva non soltanto delle conseguenze economiche della Pace di Versailles, ma anche degli effetti della grande depressione economica, cominciata negli Stati Uniti nel 1929, con iperinflazione e disoccupazione di massa. In quel momento, la popolazione tedesca contava circa 65 milioni di persone.

Nel periodo che seguì la Prima Guerra Mondiale e dopo la promulgazione della Costituzione di Weimar, l'idea nazionale patriottica, ossia *völkisch*, s'impose alla nazione e riuscì ad avere una massa di seguaci. Non trascorse tanto tempo prima che queste idee dessero vita ad un movimento organizzato, il nazismo appunto[8].

Notiamo qui che, come l'Italia, la Germania diventò uno Stato sovrano soltanto nel 1870 e lì, come nella penisola italica, ci fu un grande sforzo per valorizzare l'eredità culturale e i valori nazionali. Come con il fascismo, il nazismo si approfittò di questa tendenza per promuovere un nazionalismo malato. Il Parlamento cominciò

---

6 Tooze, Adam. *The Wages of Destruction*. Peguin Books, Londra, 2007, pag. XXIV.

7 Deutscher, Isaac. *Trotski – O profeta banido*. Editora Civilização Brasileira, Rio de Janeiro, 1968, pag. 161.

8 Mosse, George. *Le origini culturali del Terzo Reich*. Il Saggiatore, Milano, 2008, pag. 14.

ad essere visto come fonte di disunione nazionale e la classe politica perse la sua attendibilità. Come osservò George Mosse: "milioni di tedeschi, la maggior parte di sinistra, non si sarebbero mai fatti sedurre dall'ideologia del nazismo, ma altri milioni sì e questi trionfarono[9]".

Il caos sociale e politico, risultato del disordine economico e sociale, fu sufficiente perché le orde naziste invadessero strade e ministeri, con la violenza tipica, per chiedere la nomina di Hitler a Primo Ministro, e fu ciò che accadde. Nelle elezioni parlamentari tedesche che seguirono, nel marzo del 1933, il Partito Nazista ebbe il 43,9% dei voti e questo gli garantì 288 seggi su 647 nel *Reichstag*, il Parlamento tedesco.

Il risultato delle elezioni permise l'occupazione di posti chiave nel governo da parte dei membri del Partito Nazista. Fu allora messa in pratica un'economia che fino a un certo punto si potrebbe dire keynesiana, con relativo successo. Poi iniziò la sistematica decostruzione dell'ordine democratico, il ripudio alle restrizioni imposte dal Trattato di Versailles e l'implementazione della legislazione razzista e l'espansionismo militare.

Il primo ministro dell'economia di Hitler, Hjalmar Schacht, diresse la spesa statale verso il riarmo, dedicando il 10% del Pil a questo scopo, e alla costruzione di beni pubblici, come le strade. Per finanziare questa spesa furono introdotti i cosiddetti titoli Mefo. Senza aver riserve in moneta straniera[10], la Germania si voltò alla moneta scritturale per compensare le operazioni di cambio e cercò di sostituire le importazioni con prodotti domestici.

Questa politica economica ebbe il sostegno dei grandi gruppi di banchieri e imprenditori tedeschi: tutti trassero benefici dalle richieste di acquisto e dai grandi contratti pubblici. Il piano economico quadriennale presentato dal governo nazista nel 1933 contemplava una riforma agraria, politiche sociali nella salute pubblica e nelle pensioni, investimenti sui beni pubblici, la sostituzione dell'importazione,

---

9 Mosse, George. *Op. Cit.*, pag. 20.
10 Hitler, Adolf. *Op.Cit.*, pag. 9.

incentivi all'industria domestica, ecc. L'8 luglio dello stesso anno, la Germania dichiarò una moratoria sul debito estero e destinò le risorse corrispondenti al riarmo, senza grandi conseguenze presso i suoi creditori.

L'economia cominciò a crescere molto e il PIL tedesco aumentò dal 5,2% nel 1934 al 6,2% nel 1935[11]. Come risultato, la disoccupazione diminuì drasticamente, scendendo da circa 6 milioni di lavoratori nel 1933 a 400mila nel 1939. Il settore degli immobili crebbe 3 volte tanto e l'industria automobilistica, molto sostenuta dal governo, ebbe un enorme impulso.

Per contro, i sindacalisti persero la libertà. Gli scioperi furono vietati. Le sedi dei partiti politici furono chiuse. Gli avversari politici furono inviati ai campi di concentramento. Qualunque tipo di opposizione al regime nazista fu proibito. La libertà di pensiero fu gravemente compromessa. La censura fu estesa a tutta la stampa.

Oltre 30mila titoli di libri furono messi all'indice e inceneriti. Bruciarono persino i libri del poeta Heinrich Heine, che aveva osservato acutamente: "Laddove saranno bruciati libri, alla fine saranno bruciati gli uomini[12]". Tra gli autori proibiti dal regime nazista e considerati "espressioni letterarie degenerate" venero inclusi scrittori quali Franz Kafka, Setfan Zweig, Ernest Hemingway, Erich Maria Remarque, Sigmund Freud, Karl Marx e Karl Liebnencht.

Persino il *jazz* fu vietato, poiché il suo ritmo aveva origini in razze inferiori, tutto a seguito di una bizzarra legge sull'arte degenerata, varata da Adolf Hitler nel 1938, dietro proposta di Joseph Goebbels, Ministro della Propaganda Nazista e responsabile inoltre per gli Affari Legati alla Cultura.

Carl Schmitt, il principale teorico giuridico del regime nazista, fece presente tre princìpi di base per governare il nuovo ordine costituzionale e legale: 1) lo Stato; 2) il movimento; e 3) il popolo. Lo Stato era condotto dal movimento, cioè, dal *Führer*, il *leader*. Il popolo

---

11 Toze, Adam. *Op. Cit.*, pag. 63.
12 Kershaw, Ian. *Op. Cit.*, pag. 483.

doveva essere soggetto passivo delle sue azioni[13]. Schmitt, inoltre, soppresse il concetto di Uomo nel Codice Civile tedesco, sostituendolo con "sangue germanico" e "onore tedesco", che diventarono i princìpi fondamentali del diritto tedesco[14].

Secondo alcuni ignari specialisti legali tedeschi, tra le fonti della giurisprudenza tedesca vi erano i piani del *Führer*[15] (*sic*). Secondo Schmitt, il *Führer* non era soltanto l'agente della nazione, ma era il suo più alto magistrato e il più alto legislatore[16]. Era il cosiddetto *führerprinzip*. Lo Stato corporativo, *bündish*, ripudiava il concetto di uguaglianza tra gli individui e promoveva un sistema gerarchico nel quale ognuno aveva il suo posto, dallo schiavo al conduttore[17].

Il razzismo fu uno dei pilastri più ripugnanti dell'ideologia nazista e scrisse le pagine più scure della Storia. Hitler trattò in modo ampio questo tema nella sua opera[18]. Il razzismo era fondato su parte di quella spazzatura a cui Trotskij faceva riferimento: teorie spurie di autori come Gobineau, il quale scrisse sull'elemento costruttivo della natura ariana e l'aspirazione alla forza e alla conquista delle razze inferiori[19].

L'inglese Houston Stewart Chamberlain, che ripudiava *inter alia* l'incrocio di razze, fu di grande ispirazione per il pensiero razzista tedesco. A sua volta, Ludwig Woltmann dichiarò che la razza tedesca era stata eletta per dominare la terra[20]. Il cosiddetto darwinismo sociale giustificava la prevalenza del forte e il tramonto del debole.

La razza ariana fu considerata superiore mentre le altre subumane o mostruose. La persecuzione contro gli ebrei diventò una

---

13 Agamben, Giorgio. *Carl Schmitt – Un giurista davanti a sé stesso*. Neri Pozza Editore, Vicenza, 2005, pag. 20 et seq.
14 Sherratt, Yvonne. *Hitler's Philosophers*. Yale University Press, New Haven, Connecticut, 2013, pag. 101.
15 Da Rocha Bastos, Alberto. *Op. Cit.*, pag. 37.
16 Sherrat, Yvonne. *Op. Cit.*, pag. 102.
17 Mosse, George. *Op. Cit.*, pag. 422.
18 Hitler, Adolf. *Op. Cit.*, pag. 201 et. seq.
19 De Gobineau, Arthur. *Essai sur L'inegalité des races humaines*. Éditions Pierre Belfond, Paris, 1967.
20 Mosse, George. *Op. Cit.*, pag. 146 et. seq.

politica ufficiale dello Stato dal 1933, con l'esclusione degli ebrei dai pubblici impieghi. Nel 1935 furono approvate le cosiddette Leggi di Norimberga, che *inter alia* revocavano la cittadinanza tedesca agli ebrei.

Nel 1936, 1937 e 1938 gli ebrei furono esclusi da tutte le professioni regolamentate, come la giurisprudenza, il giornalismo e la medicina. Dal 1941 la popolazione ebraica tedesca fu trasferita negli infami campi di concentramento e di sterminio nell'Europa dell'est. Un programma di eliminazione fisica degli ebrei e degli altri settori percepiti come nemici del *Reich* fu messo in pratica nel 1942. Altri gruppi visti come nemici erano gli avversari politici, ovviamente i comunisti, ma anche i socialisti, gli zingari, i massoni, il clero e gli omosessuali.

Poiché nel 1936 questo modello cominciò ad incrinarsi, il Governo tedesco orientò la sua pianificazione economica verso la guerra. All'inizio del 1938, Hitler promosse l'invasione senza resistenza dell'Austria, promosse la sua annessione alla Germania, cioè l'*Anschluss*, azione già contemplata nel *Mein Kampf*, come una questione di "vita o morte".

I nazisti cominciarono a mettere in pratica la dottrina dell'espansione verso est, alla ricerca del cosiddetto spazio vitale, *lebensraum*, anche questo trattato nel libro di Hitler[21]. Questa fu l'implementazione della visione nazista per far fronte all'imperialismo britannico, fondato sul colonialismo, avendo come scopo il guadagno economico. La regione dei Sudeti, in Cecoslovacchia, con un'importante popolazione di minoranza tedesca, fu oggetto delle intenzioni naziste e fu annessa al *Reich* nel 1938, con la compiacenza di inglesi e francesi[22]. Da lì, seguì un'occupazione militare in tutto il Paese e la creazione di un "protettorato".

Nel 1939, Hitler decise di implementare il piano di invasione della Polonia in cerca di più spazio vitale per il *Reich* tedesco. La

---

21 Hitler, Adolf. *Op. Cit.*, pag. 473 *et seq.*
22 V., in questo senso, di David Faber, *Munich – the 1938 appeasement crisis.* Simon & Schuster, Londra, 2008.

diplomazia nazista, dunque, con a capo Joachin von Ribbentrop[23], firmò un patto di non aggressione con l'URSS rappresentata da Vyacheslav Molotov, Ministro degli Esteri, il 24 agosto di quell'anno.

La diplomazia nazista tedesca e quella fascista italiana furono portate avanti da due dilettanti che non riuscirono a formulare una politica consistente. Ribbentrop lavorava come venditore di spumante e Ciano era il genero di Mussolini. Ciano diceva di Ribbentrop il "più grande tra i porci" e "maniaco per la guerra", tra altri commenti poco edificanti proferiti[24]. A sua volta, Hitler diceva di Ciano "quel ballerino dei caffè viennesi[25]".

Il primo settembre 1939, le forze naziste invasero la Polonia. Il trattamento dello Stato uscente come sconfitto fu crudele. Hitler ordinò: "Nessuna pietà. La forza fa il diritto"(sic). Due giorni dopo l'invasione, la Repubblica Francese e il Regno Unito dichiararono guerra alla Germania. Cominciava in Europa la Seconda Guerra Mondiale[26].

Tra la primavera e l'estate del 1940, la Germania occupò la Danimarca, sconfisse la Francia e la Forza di Spedizione Britannica, occupando Parigi il 14 giugno, e succesivamente il Belgio, il Lussemburgo e l'Olanda. Il Generale Charles de Gaulle stabilì, a Londra, un governo francese in esilio. La predominanza della marina inglese nell'Atlantico impedì il regolare rifornimento tedesco delle materie di prima necessità per il normale funzionamento della sua economia.

Cominciava a prospettarsi la Battaglia dell'Atlantico.

Prima, fu occupata la Norvegia e venne instaurato un regime simpatizzante verso i nazisti in quel Paese. Mussolini dichiarò guerra alla Francia e al Regno Unito dopo la sconfitta delle forze

---

23 Poi condannato a morte dal Tribunale di Norimberga e impiccato.
24 Come "fatuo, superficiale, loquace...", Galeazzo Ciano, *Diario 1937/1943*. Milano, Rizzoli, 2005.
25 Innocenti, Marco. *Op. Cit.*, pag. 131.
26 In Asia il conflitto cominciò nel 1937 con l'invasione giapponese della Manciuria, nel nord-est della Repubblica Cinese.

di questi ultimi da parte delle truppe naziste[27], nel teatro di guerra francese, portato da un grande senso di opportunismo e dominando soltanto un piccolo paese di confine.

Dopo un frustrato e isolato tentativo di invasione da parte dell'Italia, la Grecia, originariamente con 162 mila uomini, si arrese alle forze italo-tedesche dopo una resistenza eroica all'occupazione cominciata all'inizio del 1941. Il Ministro della Guerra fascista, il Generale Pietro Badoglio[28], ordinò che tutte le città greche con oltre 10mila abitanti fossero rase a suolo[29]. In quella campagna le truppe italiane subirono una perdita di 50mila soldati più altri 150mila feriti.

A sua volta, il Regno Unito fu duramente attaccato dalla *Luftwaffe*, la Forza Aerea Tedesca, in ciò che fu poi chiamata la Battaglia d'Inghilterra[30], nella quale furono attaccati obiettivi militari, industriali e civili britannici. In quell'occasione persero la vita 56mila persone, fra militari e civili. Gli inglesi, benché messi a dura prova, prevalsero in quel conflitto e questo risultato impedì il tentativo di invasione delle isole britanniche da parte dei nazisti.

Un anno dopo la resa francese, il 22 giugno 1941, Hitler diede inizio all'operazione Barbarossa[31] e invase l'URSS con 140 divisioni dell'esercito. Inizialmente ottenne alcuni successi, occupando la parte ovest del Paese e arrivando a Leningrado e a pochi chilometri da Mosca. L'iniziale lunghezza del fronte di battaglia era di

---

27 Sull'estensione delle conquiste naziste, V. Mark Mazower. *Hitler's Empire*. Penguin Books, Londra, 2008.

28 Dopo l'armistizio, fu il capo del govenro italiano. Accusato dall'Etiopia per reati di guerra durante la campagna svolta in quel Paese, dovuto all'uso massiccio di gas, proibiti dalla convenzione di Vienna del 1925, fu protetto dagli Alleati durante la Guerra Fredda.

29 Hastings, Max. *All Hell Let Loose – The World at War 1939-1945*. Harper Press, Londra, 2011, pag. 117.

30 Per la battaglia d'Inghilterra, l'Italia fascista inviò circa la metà della sua forza aerea, pur essendo tecnologicamente indietro rispetto alle attrezzature tedesche e inglesi, lasciando infatti le sue truppe nel nord Africa e nel Mediterraneo senza equipaggio.

31 Sulla guerra sul fronte europeo orientale, V. Alan Clark. *Barbarossa – The Russian – German Conflict 1941-1954*. Widenfeld & Nicolson, Londra, 1995.

1.500 chilometri; successivamente si espanse raggiungendo i 2.500 chilometri prima della fine di quello stesso anno. Mussolini, benché non fosse stato informato prima[32], inviò sciaguratamente una forza di spedizione che contava 60mila uomini che andarono a lottare nell'est Europa.

Il 7 dicembre 1941, in risposta ad un boicottaggio economico e finanziario efficace, le forze giapponesi attaccarono la principale base degli Stati Uniti nell'Oceano Pacifico, Pearl Harbour, nelle Hawaii, distruggendo gran parte della flotta americana (ma nessuna delle porta-aerei) e oltre 200 aerei della Forza Aerea. Questo spinse gli americani ad entrare nel conflitto mondiale, a fianco degli Alleati.

Nel gennaio del 1942, dopo una campagna lampo, 100mila soldati britannici, australiani e truppe indiane coloniali si arresero alle forze armate giapponesi comandate dal Generale Tomoyuki Yamashita[33], a Singapore, colonia britannica e sede di una moderna e importante base navale inglese nel sud dell'Asia.

Iniziò così un conflitto armato che raggiunse un'espansione globale senza precedenti.

---

32 Mussolini criticò l'invasione dell'URSS, denominandola "cretinismo e improvvisazione". V. Nicholas Farrel. *Op. Cit.*, pag. 350.
33 Condannato a morte dal Tribunale di Tokyo, dopo la resa del Giappone.

Hitler domina Parigi.

Aspetti del Brasile alla fine degli anni '30 e primi anni '40

Il 30 ottobre 1930 fu deposto in Brasile il Presidente della Repubblica, Washington Luís, da un movimento armato, chiamato *tenentista*. Ispirato in parte alla filosofia positivista, secondo Nelson Werneck Sodré (1969, p.318), il *tenentismo* era "superficiale […] e modesto nelle sue rivendicazioni. Comincia supponendo che tutto dipendeva dagli uomini che erano al potere e che la semplice sostituzione di questi avrebbe portato risultati immediatamente evidenti[1]".

Il Paese contava allora 37 milioni di abitanti e stava attraversando una grave crisi economica e sociale, riflesso del crollo dei mercati finanziari internazionali del 1929. Caddero drammaticamente le esportazioni di caffè, principale prodotto brasiliano, e la bilancia dei pagamenti era in *deficit*. Le classi dominanti, prima unite, erano ora divise[2] e i politici al di fuori dell'asse tradizionale del potere, situato normalmente a San Paolo e Minas, soprattutto in Rio Grande do Sul, si unirono in nome di un'altra insurrezione militare.

Il 3 novembre 1930, Getúlio Vargas, *leader* del movimento ed ex-Ministro degli Interni di Washington Luís, entrò nella capitale federale, Rio de Janeiro, in testa alla truppe rivoluzionarie comandate

---
1 Sodré, Nelson Wernek. *Formação Histórica do Brasil*. Editora Brasiliense, pag. 318.
2 Sodré, Nelson Wernek. *Op. Cit.*, pag. 320.

dal Generale Góis Monteiro. Getúlio dichiarò in quell'occasione che stava "assumendo in modo provvisorio il Governo della Repubblica, come delegato della Rivoluzione, in nome dell'Esercito, della Marina e del Popolo[3]". Gli interventisti, quasi tutti tenenti, furono in quell'occasione nominati a governare gli Stati federati del Brasile.

Secondo Leôncio Basbaum, Getúlio, interessato al sostegno dei tenenti, fece loro tante concessioni, poiché

> con la divisa o senza rappresentavano due grandi forze messe insieme: quella militare e quella demagogica. Militarmente dominavano l'esercito, per la sua vicinanza alle truppe, potendo, in qualunque momento insorgere[4].

I tenenti volevano "il fascismo, il governo forte, la morte dell'ideologia comunista e le velleità rivoluzionarie delle masse[5]".

La cosiddetta Rivoluzione Costituzionalista di San Paolo, iniziata il 9 luglio 1932, aveva come obiettivo quello di riportare al potere i capi del Partito Repubblicano Paulista (PRP), espulsi da Getúlio Vargas. I paulisti adottarono la bandiera costituzionalista, che rifletteva il desiderio nazionale, non soltanto temperato ma strutturato, a causa della profonda crisi economica e degli eccessi politici ed amministrativi della dittatura di Vargas.

Sconfitta la ribellione paulista, e ristabilito il prestigio politico acquisito, Getúlio indisse le elezioni. Fissate per il mese di maggio 1933, per la prima volta le donne e coloro che avevano compiuto i 18 anni poterono votare, tenendo conto della nuova legge elettorale con la supervisione della Giustizia Elettorale[6]. La Costituzione del

---

3 Basbaum, Leôncio. *História Sincera da República*, vol. 3. Editora Alfa-Omega, São Paulo, 1976, pag. 14.
4 Basbaum, Leôncio. *Op. Cit.*, pag. 19.
5 Basbaum, Leôncio. *Op. Cit.*, pag. 20.
6 Bourn, Richard V. *Getúlio Vargas – A esfinge dos Pampas*. Geração Editorial, São Paulo, 2012, pag. 100 et. seq.

1934 fu di costruzione borghese e, fino a un certo punto, liberale, con importanti influenze di mercato di carattere fascista.

La nuova Costituzione prevedeva l'elezione indiretta del Presidente della Repubblica, la quale svoltasi il 17 luglio 1934 vide guardacaso ricadere la preferenza sulla persona di Getúlio Vargas, con mandato fino al 1938. Questo creò deputati classisti, e previde la ratifica di tutti gli atti del regime dittatoriale. I suoi effetti furono sospesi già nel 1935, in virtù di uno stato d'assedio non decretato, che durò fino all'avvento dello Stato Nuovo, nel 1937.

Nel 1935 il Brasile firmò trattati preferenziali di libero commercio con gli Stati Uniti e con la Germania, ottenendo vantaggi da entrambi i fronti. Era questo uno dei riflessi della politica pendolare di Getúlio Vargas. Per esempio, il cotone brasiliano concorreva in Germania con quello americano e, in virtù del trattato di commercio, il Brasile aveva un accesso preferenziale con un costo del 24% inferiore. A sua volta, la tradizionale influenza economica britannica[7] in Brasile era in declino.

In quel periodo il Brasile era il più grande *partner* commerciale della Germania al di fuori dell'Europa, così come gli Stati Uniti erano i più grandi *partner* commerciali del Brasile. Il Brasile rappresentò allora un'enorme bilancia commerciale in favore della moneta scritturale tedesca. Ciò portò il Paese a dirigere molti dei suoi acquisti verso la Germania, pur facendolo esclusivamente per motivi di compensazione monetaria.

Questa situazione, cumulata con il rifiuto degli Stati Uniti di vendere armi al Brasile, portò il Governo del Presidente Getúlio Vargas a rivolgersi ai fornitori del mercato tedesco per la modernizzazione dei suoi equipaggi militari. Lo stesso occorse, ma in modo più limitato, con l'Italia.

Secondo il resoconto dell'Ambasciatore americano in Brasile, Jefferson Caffery, Segretario del Dipartimento di Stato americano, la politica estera di Getúlio Vargas consisteva da un parte nel trarre il massimo dagli Stati Uniti d'America e dall'altra il massimo dai

---

7 Negli anni '30, il Regno Unito aveva 48% di investimenti diretti esteri in Brasile.

poteri fascisti[8]. La posizione di Getúlio era, fino a un certo punto, qualcosa di premeditato ma rifletteva le ambiguità del gioco di potere interno in Brasile e la diversa portata di interessi economici, sociali e politici dei vari Paesi coinvolti.

La mattina del 10 novembre 1937, Getúlio Vargas perpetrò un *putsch*, un colpo di stato, dissolvendo il Congresso Nazionale per mezzo della polizia, evitando la presenza ostensiva dell'esercito[9]. Alle ore 10 del giorno seguente firmò una nuova Carta Costituzionale, messa a punto prevalentemente da Francisco Campos, uomo con forti inclinazioni fasciste. Getúlio si impadronì così di tutto il potere, governando per decreti[10].

Secondo le osservazioni di Basbaum,

la nuova Costituzione dispensava [...] il Congresso, il sistema rappresentativo, incastrandosi in un sistema dittatoriale fascista che accentrava in una sola persona tutto il potere legislativo e quello esecutivo. E, più tardi, con il Tribunale della Sicurezza, anche quello giudiziario[11].

Nel dicembre del 1937 furono chiuse le sedi dei partiti politici. La censura fu istituzionalizzata. Il grande giurista brasiliano, che viveva nella capitale federale, allora Rio de Janeiro, Heráclito Fontoura Sobral Pinto (Sobral Pinto), definì la Costituzione del 1937 niente meno che una Costituzione "nazista e fascista[12]" e vi si oppose fortemente.

---

8 Caffery, Jefferson per Cordell Hull, Ric, 22 aprile 1939, 832.00/1255,RG59. National Archives, Washington, EUA.
9 Fausto, Boris. *Getúlio Vargas*. Companhia das Letras, São Paulo, 2006, pag. 80 *et seq.*
10 Burns, E. Bradford. *A History of Brazil*. Columbia University Press, New York, 1993, pag. 356 *et seq.*
11 Basbaum, Leôncio. *Op. Cit.*, pag. 105.
12 Dulles, W.F. John. *Sobral Pinto – A consciência do Brasil*. Editora Nova Fronteira, Rio de Janeiro, 2001, pag. 311.

Nacque così lo Stato Nuovo, un disegno preso in prestito dal melanconico Portogallo, dal sanguinario dittatore Antonio Salazar, e che, secondo Thomas E. Skidmore, "rappresentava la versione brasiliana più mite del metodo fascista europeo[13]". Diversamente dal fascismo europeo, Getúlio non fece leva su un partito fascista e in particolar modo non perpetrò alcuna politica razziale, insana e molto difficile da perseguire in un Paese multiculturale come il Brasile.

Getúlio illustrò nel seguente modo la questione dei diritti e delle libertà individuali nella Costituzione del 1937:

> Lo Stato Nuovo non riconosce i diritti degli individui contro la collettività. Gli individui non hanno diritti, hanno doveri! I diritti appartengono alla collettività! Lo Stato, sovrapponendosi alla lotta di interessi, garantisce i diritti della collettività e fa compiere i doveri in relazione ad essa[14].

Lo Stato Nuovo,

> nella fase di ascesa del fascismo, prendeva con sé le manifestazioni esterne più tristi. Ma se il fascismo italiano e il nazismo tedesco corrispondevano a una tappa capitalista pienamente sviluppata, lo Stato Nuovo avrebbe dovuto corrispondere a una iniziale tappa capitalista. Le contraddizioni che sorsero con lo Stato Nuovo e che si mantennero o appariranno nella sua vigenza, si presentarono con una complessità che servì a mascherarne l'apparato della polizia, la brutalità repressiva e l'estrema centralizzazione[15].

Durante gli anni '30, i due grandi partiti di massa in Brasile furono il PCB – Partito Comunista Brasiliano, che si presentava alla nazione come l'ALN – Alleanza Nazionale Liberatoria, reietto nel

---

13 E. Skidmore, Thomas. *Brasil: de Getúlio a Castelo*. Paz e Terra, São Paulo, 1985, pag. 52.
14 Fausto, Boris. *Op. Cit.*, pag. 82.
15 Sodré, Nelson Werknet. *Op. Cit.*, pag. 329.

1935 e l'AI – Azione Integralista. Il *leader* del PCB era Luiz Carlos Prestes, la cui storia di vita venne poi raccontata da Jorge Amado nel libro "Il Cavaliere della Speranza[16]", scritto nel 1942. La moglie di Prestes, la tedesca Olga Benário Prestes, incinta all'ottavo mese, fu deportata da Getúlio Vargas nella Germania nazista e reclusa in un campo di concentramento, dove morì.

Tra i partiti messi al bando nel dicembre del 1937, ci fu, in modo sorprendente, vista la sua affinità con lo Stato Nuovo, l'Azione Integralista, che aveva a capo Plínio Salgado. L'AI era un partito brasiliano di ispirazione fascista e diversi dei suoi membri facevano parte o erano vicini al Governo di Getúlio. Tra questi c'era Miguel Reale[17], "uno di suoi elementi più radicali[18]".

Secondo Sá Motta, "l'integralismo aveva una dottrina simile a quella fascista[19]". I suoi giornali elogiavano spesso Mussolini e Hitler, "pur volendo gli integralisti rilevare che il loro movimento fosse nazionalista, autenticamente brasiliano e ispirato alla cultura nazionale[20]". Invece di indossare camicie di colore nero o marrone, usavano il colore verde.

Nel 1937, il Ministro degli Esteri fascista, Galeazzo Ciano[21], decise di sovvenzionare l'Azione Integralista[22], prima del *putsch* di GetúlioVargas, per via dell'identificazione ideologica esistente e anche perché il candidato di quel partito per le elezioni presidenziali programmate (poi deluse), Plínio Salgado, era uno dei favoriti.

---

16 Amado, Jorge. *O Cavalheiro da Esperança*. Record, Rio de Janeiro, 1987.
17 Poi fu rettore dell'Università di San Paolo durante la dittatura militare brasiliana (1964-1986).
18 Seitenfus, Ricardo. *O Brasil vai à guerra – O processo do envolvimento brasileiro na Segunda Guerra Mundial*. Manole, Barueri, 2003, pag. 51.
19 Sá Motta, Rodrigo Patto. *Introdução à História dos Partidos Políticos Brasileiros*. UFMG Editora, Belo Horizonte, 2008, pag. 60.
20 Sá Motta, Rodrigo Patta. *Op. Cit.*, pag. 60.
21 Genero di Mussolini. Membro di una famiglia nobile di Livorno, Toscana, rappresentante degli alti interessi economici italiani.
22 Cervo, Amado Luiz. *As relações históricas entre o Brasil e a Itália*. UnB Editora, Brasília, 1991, pag. 139.

Increduli per la messa al bando dei partiti, l'Azione Integralista tentò un colpo di stato, fallito, assalendo Palazzo Guanabara nel maggio del 1938. I principali capi della rivolta integralista dovettero scappare all'estero, in Italia; l'Ambasciatore italiano Vincenzo Lojacono procurò loro i documenti necessari per il viaggio. Miguel Reale "parte clandestinamente il 2 luglio 1938, a bordo della nave italiana *Augustus* con destinazione Genova usando l'identità falsa di Giovanni Sbraglia, cittadino italiano[23]".

La Costituzione del 1937 prese in considerazione i rischi delle azioni degli Stati stranieri intentate contro la sovranità brasiliana. Difatti, l'articolo 122 riguardava *inter alia* il tentativo di sottomissione del territorio nazionale alla sovranità di uno Stato straniero e lo trattò come reato passibile della pena di morte.

In questo periodo, a causa delle leggi razziali tedesche, era grande la pressione migratoria dei rifugiati ebrei, tra gli altri. Come qualunque Paese avrebbe fatto in quella posizione, il Governo brasiliano adottò alcune misure per limitare l'accesso ai migranti. Migliaia di questi riuscirono comunque ad entrare nel Paese in quel periodo, soprattutto come turisti. Eccedendo poi il periodo di permanenza concesso dal Governo, acquistarono un bene immobile nel Paese e ci rimasero.

Il Governo brasiliano, benché a conoscenza dei procedimenti illegali adottati, li tollerò. Infatti, secondo documenti dell'Itamaraty, tra il 1933 e il 1939 entrarono, per la maggior parte in modo illegale, in Brasile un numero considerevole di ebrei, pari a 65.189[24]. Per contro, si può notare che un numero molto ridotto di ebrei furono espulsi dal Brasile[25].

E ancora, nel 1936, quando la persecuzione degli ebrei in Germania raggiunse il suo apice di orrore, Getúlio Vargas permise che

---

23 Seintenfus, Ricardo. *Op. Cit.*, pag. 139.
24 Neto, Lira. *Getúlio 1930-1945. Do Governo provisório à ditadura do Estado Novo*. Companhia das Letras, São Paulo, 2013. pagg. 362-363.
25 Ribeiro, Mariana Cardoso dos Santos. *De volta ao inferno. A expulsão de judeus durante o Governo Vargas (1933-1945)*, in *Tempos de Fascismo*. Carneiro, Maria Luiza Tucci e Croci, Frederico (orgs.), EDUSP, São Paulo, 2010, pag. 476.

la comunità ebraica a San Paolo, aprisse la CIP – Congregazione Israeliana Paulista, fondata in quell'anno dal rabbino Dott. Fritz Pinkuss, nato vicino a Magdeburg[26]. Nel 1939, tra gli altri professionisti ed intellettuali italiani, emigrò in Brasile Giorgio Mortara[27], Professore di Statistica a Milano.

I Governi di Germania e Italia decisero di lavorare con lo Stato Nuovo, accolto in questi Paesi. Entrambi avevano grandi contingenti di cittadini in Brasile, che qui arrivarono dopo la seconda del XIX secolo, come lavoratori agricoli, soprattutto nella coltivazione del caffè, nell'interno dello Stato di San Paolo. Tra il 1896 e il 1914, gli immigranti italiani rappresentavano il 44% del totale della popolazione di stranieri in Brasile.

La colonia italiana contava tra i 3 e i 5 milioni di persone nel 1940, secondo stime non ufficiali. Questo contingente rappresentava circa il 12% della popolazione del Brasile in quel periodo, di cui metà si trovava nello Stato di San Paolo, che in quel periodo aveva già l'economia più sviluppata del Paese. Secondo i dati dell'ambasciata italiana in Brasile, la comunità italiana a San Paolo era, come lo è ancora oggi, "la più grande al mondo[28]".

Soltanto lo Stato di San Paolo aveva circa 360 giornali in lingua italiana[29], a Rio de Janeiro ce ne erano 64, nel Rio Grande do Sul, 53. In Brasile esistevano allora circa 400 scuole italiane[30], tutte iniziative degli immigranti, dei loro discendenti e delle comunità religiose, indipendentemente dalla volontà dei Governi italiani o brasiliani. Questo numero superava di più del doppio quello delle scuole italiane in Argentina e negli Stati Uniti. L'ospedale italiano nella

---

26 Câmara Brasil Alemanha, *A História Alemã do Brasil – Die deutsche Geschichte Brasiliens*, São Paulo, 2001, pag. 114.
27 Con l'aiuto del segretario personale di Mussolini, Osvaldo Sebastiani, d'accordo con il resoconto di Mario Avagliano e Marco Palmieri, *Op. Cit.*, pag 188.
28 Ambasciata d'Italia, *Presenza Italiana in Brasile – Cenni sulle collettività*, Istituto Italiano di Cultura di San Paolo, 1999, pag. 34.
29 Amado, Luiz Cervo. *Op. Cit.*, pag. 61.
30 Amado Luiz Cervo. *Op. Cit.*, pag. 61.

città di San Paolo venne chiamato Umberto I e metà degli istituti di credito esistenti erano di origine italiana[31].

Il più importante giornale della comunità italiana a San Paolo era il *Fanfulla*, un quotidiano pubblicato in lingua italiana, con circa 50mila abbonati. Dovuto al suo valore propagandistico, il *Fanfulla* cadde rapidamente sotto il controllo del Governo fascista e nel 1934 divenne seminatore di idee aberranti. Nel 1942 la pubblicazione del quotidiano venne interrotta.

Il Governo fascista italiano raggiunse una certa popolarità nella comunità italo-brasiliana, soprattutto per il suo carattere nazionalista. Successe che, "oltre all'adesione immediata dell'*élite*, non si può negare che la massa degli italiani in Brasile si identificasse con il fascismo dal punto di vista ideologico". Ad ogni modo, "l'immagine positiva di Mussolini e del fascismo italiano in Brasile cominciò a guastarsi, presso l'opinione pubblica, soltanto nel 1938 a causa dell'avvicinamento dell'Italia alla Germania (Asse Roma – Berlino)[32]", e dopo la promulgazione delle leggi razziali da parte del Governo italiano.

Si stima che la comunità tedesca in Brasile nel 1940, a sua volta, avesse tra le 700 e le 900mila persone[33]. Esistevano 937 scuole tedesche nel Rio Grande do Sul nel 1930. La popolazione di origine tedesca era grande anche negli Stati di Santa Catarina, Paraná e San Paolo. L'ospedale tedesco della città di San Paolo, fondato nel 1897, venne chiamato Humboldt, mentre oggi si chiama Ospedale Tedesco Oswaldo Cruz.

Anche la stampa tedesca si propagò. Il giornale *Deutsche Zeitung* raggiunse la significativa tiratura di 55mila copie al giorno nel 1928[34]. Nell'aprile del 1939, chiusero tutti i giornali stranieri. In agosto fu proibito l'uso pubblico di lingue straniere, persino nelle

---

31 Ambasciata d'Italia, *Presenza Italiana in Brasile – Cenni sulle collettività, Op. Cit.*, pag. 147.
32 Carneiro, Maria Luiza Tucci. *Fascistas à Brasileira – Encontros e Confrontos*, in *Tempos de Fascismos. Op. Cit.*, pag. 450.
33 Seitenfus, Ricardo. *Op. Cit.*, pag. 11.
34 Seitenfus, Ricardo. *Op. Cit.*, pag. 15.

prediche religiose[35]. A novembre dello stesso anno, fu nazionalizzata l'istruzione in Brasile[36]. Nel 1938 furono proibite[37] anche le azioni politiche di qualunque gruppo o partito straniero in Brasile, tra i quali il *Partito Nazional Socialista dei Lavoratori Tedeschi* (NSDAP), appendice del Partito Nazista.

I nazisti cercarono di germanizzare di nuovo la popolazione di origine tedesca in Brasile. Ma nonostante gli sforzi fatti negli anni '30, che inclusero diverse istituzioni e pubblicazioni legate direttamente al Partito Nazista, come il Circolo della Gioventù Teutonica Brasiliana, l'Unione delle Donne Tedesche, il Fronte Tedesco del Lavoro e l'almanacco *Volk und Heimat*, i brasiliani di origine tedesca, nella sua maggior parte, non si fecero sedurre da queste ideologie spurie. Infatti la resistenza all'avanzamento del nazismo fu irradiata, inoltre, attraverso i mezzi teutonici brasiliani.

A sua volta, il numero di immigranti giapponesi e dei loro discendenti, nel 1940, era pari a circa 650mila persone, la maggior parte di loro residenti nello Stato di San Paolo: 234.636 i giapponesi[38] e il resto discendenti. Gli immigranti giapponesi e i loro discendenti istituirono 294 scuole nipponiche[39], soltanto a San Paolo, aprirono decine di giornali e fondarono l'Ospedale Giappone, il *Nippon Byoin*.

Soltanto tra il 1924 e il 1941, entrarono in Brasile 137.572 immigranti giapponesi, regolati dal Governo nipponico tramite un'azienda statale, la Kaigai Kogyio Kabushiki Kaisha (KKKK), che aveva come obiettivo l'acquisto di beni immobili per le attività degli immigranti ed il desiderio di gestire le colonie in Brasile. In questo modo, il Governo imperiale giapponese cercò di tutelare e

---

35 Decreto-Legge 1545, del 25 agosto 1939, che trattava l'adattamento all'ambiente nazionale dei brasiliani discendenti da stranieri.
36 Amado, Luiz Cervo. *Op. Cit.*, pag. 149 *et seq*.
37 Decreto-Legge 383, del 18 aprile 1938.
38 Sakurai, Celia. *Imigração Japonesa para o Brasil. Um exemplo de imigração tutelada – 1908-1941*, in www.clacso.org.ar/biblioteca, pag. 10.
39 Storia dell'Immigrazione, parte 3, in www.imigracaojaponesa.com.br.

controllare in qualche modo, le attività dei suoi emigranti presenti in Brasile.

Molti dei giornali giapponesi rappresentavano un mezzo per disseminare, in lingua nipponica, notizie sul Brasile e sul mondo, oltre ad essere un mezzo di comunicazione tra le diverse colonie orientali situate all'interno dello Stato di San Paolo. Il più importante giornale era il *Nippak Shimbum*, quotidiano chiuso nel 1941 e riaperto nel 1949, tutt'oggi esistente.

Secondo Rogério Dezem, "la sospensione dell'immigrazione giapponese in Brasile occorse soltanto nel 1941, quando ufficialmente arrivò l'ultimo gruppo sulla nave *Buenos Aires Maru*[40]", chiudendo così, ufficialmente, questo periodo. La situazione allora era abbastanza delicata giacché la maggior parte degli immigranti giapponesi era stata organizzata in Brasile dallo stesso Governo nipponico.

A quel tempo, verso il 1941, il numero complessivo di cittadini dei Paesi dell'Asse in Brasile era di circa 6 milioni e cinquecentomila persone, quasi il 16% della popolazione totale. Inoltre il processo di meticciato, tipico fenomeno brasiliano, già si faceva notare, soprattutto tra i membri della comunità italiana, ancora più abituati al fenomeno per motivi storici.

La situazione economica e finanziaria del Brasile si deteriorò sostanzialmente. Crebbe il *deficit* della bilancia dei pagamenti, dovuto alla caduta drammatica della bilancia commerciale, a seguito della diminuzione dei prezzi internazionali delle merci agricole. Getúlio Vargas dichiarò allora, nel 1938, una moratoria unilaterale di debiti esteri: il Brasile, così, perse l'accesso ai mercati finanziari volontari internazionali.

Da parte del Governo, si temette che prendesse piede in Brasile una possibile iniziativa tedesca che fomentasse la separazione di 3 degli Stati del sud del Paese per creare una cosiddetta Germania

---

40 Dezem, Rogerio. *Hi-No-Maru Manchado de Sangue: A Shindo Renmei e o DEOPS/SP*, in *Imigrantes Japoneses no Brasil*. Carneiro, Maria Luiza Tucci e Takeuchi, Marcia Yumi, Edusp, São Paulo, 2010, pag. 244.

Antartica. Questi timori furono alimentati dall'alta concentrazione di popolazione di origine tedesca in quel territorio nazionale negli Stati di Rio Grande do Sul, Santa Catarina e Paraná e dall'azione dei partiti filo-nazisti.

Questo timore non era del tutto infondato, giacché Hitler aveva già più volte manifestato un interesse particolare verso il Brasile. "Edificheremo in Brasile una nuova Germania. Lì avremo tutto ciò di cui abbiamo bisogno[41]." Il dittatore tedesco credeva che, in Brasile, si trovassero riunite tutte le condizioni "di una rivoluzione che avrebbe potuto trasformare, in alcuni anni, uno stato governato da meticci corrotti in un dominio tedesco". Hitler propose di dare al Brasile capitale e spirito imprenditoriale, oltre alle sue idee politiche. "Se esiste un continente dove la democrazia è qualcosa di insensato e un mezzo di suicidio, bene questo è il Sudamerica[42]". È curioso come Goebbels emettesse giudizi simili sull'Italia, che chiamava "un Paese di zingari[43]".

Con lo scoppio della fase europea della Seconda Guerra Mondiale, il primo settembre 1939, il Brasile si allontanò in maniera graduale dai Paesi dell'Asse, seppur ideologicamente vicini con lo Stato Nuovo, e si avvicinò agli Stati Uniti, che chiaramente sostenevano la Francia e l'Inghilterra nel conflitto. Questa scelta fu fatta per motivi economici e finanziari, giacché gli Stati Uniti erano il più grande *partner* commerciale del Brasile in quel momento. Inoltre, le eventuali esportazioni brasiliane per la Germania e per l'Italia erano passibili di un blocco da parte della marina britannica.

D'altra parte, il *deficit* della bilancia dei pagamenti e il mancato accesso ai mercati finanziari volontari internazionali di credito, a causa della moratoria, portarono il Brasile, per forza, a una politica di sostituzione delle importazioni, il che rappresentò un incremento

---

41 Rauschning, Hermann. *Hitler me Dijo*. Libreria Hachete S.A., Buenos Ayres, 1940, pag. 63. Traduzione dallo spagnolo al portoghese dell'autore, e dal portoghese all'italiano della traduttrice.
42 Rauschining, Hermann. *Op. Cit.*, pag. 64.
43 Pavone, Claudio. *A Civil War – a history of the Italian resistance*. Verso, Londra, 2013, pag. 2.

sostanziale nell'industria leggera in Brasile. Gli immigranti italiani a San Paolo e i loro discendenti, ebbero una partecipazione altissima in questo processo di industrializzazione.

Aumentò inoltre l'intervento diretto dello Stato sulle ferrovie, sulla navigazione e sulle industrie di base, come il petrolio e l'acciaio[44].

I diplomatici degli Stati Uniti, prevedendo l'entrata del Paese nel conflitto mondiale e la necessità della cooperazione brasiliana nel rifornimento di prodotti strategici e nella facilitazione delle basi nell'Atlantico meridionale, fecero in modo di avvicinarsi al Governo Vargas; scelta ampiamente criticata dai mezzi di comunicazione americani, a causa della sua inclinazione fascista.

Nel 1940, gli Stati Uniti offrirono al Brasile la linea di credito della *Eximbank* americana per finanziare l'industria di base. Dal giugno del 1940 il Brasile cominciò a discutere con gli americani un'eventuale cooperazione militare nel caso in cui il conflitto armato mondiale si espandesse verso il continente. Se si fosse verificata questa eventualità, gli americani avrebbero desiderato delle facilitazioni di accesso per garantire la protezione delle regioni di Rio de Janeiro, Salvador, Natal, Fortaleza, São Luís, Teresina, Recife e Belém[45].

Gli americani temevano un'incursione armata dell'Asse nella regione, così come i movimenti separatisti dei cittadini dell'Asse che si trovavano in Brasile. Vargas, però, riluttante, cercò di realizzare una politica equilibrata che gli permettesse di trarre vantaggio dalle contraddizioni dei diversi imperialismi. Gli americani vedevano la posizione di Vargas con una certa sfiducia. E si può affermare che il sentimento fosse reciproco.

Tuttavia, dal mese di maggio del 1941, Vargas adottò una posizione di conformità in rapporto agli Stati Uniti e, sulla questione della difesa continentale, la diplomazia brasiliana cercò il sostegno degli altri Paesi latinoamericani, facendo nel giugno dello

---

44 Skidmore, Thomas E. *Op. Cit.*, pag. 76.
45 Seitenfus, Ricardo. *Op. Cit.*, pag. 247.

stesso anno una conferenza panamericana a Rio de Janeiro con quest'obiettivo.

In quell'occasione il cancelliere brasiliano, Oswaldo Aranha, amico dai tempi dell'università, facoltà di giurisprudenza a Porto Alegre, di Vargas, avvisò il dittatore brasiliano, con grande realismo, sull'intenzione di neutralità proclamata dall'Argentina e del fatto che il Brasile dipendesse molto di più dagli Stati Uniti (quattro quinti del caffè esportato oltre ai prestiti) rispetto al Paese del Bacino del Plata[46].

Allo stesso modo, il Presidente Getúlio Vargas si rese conto che "in tempi normali di pace, il Brasile non avrebbe avuto un potere di contrattazione così privilegiato[47]" con gli Stati Uniti e perseguì il suo obiettivo strategico installando un'industria siderurgica nel Paese, dopo aver ottenuto un finanziamento di 45 milioni di dollari dalla *Eximbank* americana. Un costo pari alla metà del costo totale di Volta Redonda.

Un giorno dopo l'attacco giapponese a Pearl Harbour, il Governo Vargas anunciò di appoggiare gli Stati Uniti. In risposta, l'11 dicembre 1941, Germania e Italia dichiararono guerra agli Stati Uniti. Il 28 gennaio 1942, al termine dell'incontro tra i cancellieri continentali avvenuto a Rio de Janeiro, la maggior parte di questi concordò nel rompere i rapporti con l'Asse, ad eccezione del Cile e dell'Argentina[48]. Nella stessa data il Brasile ruppe i rapporti con i Paesi dell'Asse. La Germania dichiarò immediatamente lo stato di belligeranza contro il Paese.

In quell'occasione il cancelliere brasiliano, Oswaldo Aranha, con una rara onestà per un diplomatico, dichiarò che "non fu Getúlio, né fui io, né nessun'altro a forzarci a rompere i rapporti. Fu la nostra posizione geografica, la nostra economia, la nostra storia, la nostra cultura; insomma, la condizione della nostra vita e le necessità di

---

46 Cervo, Amado Luiz. *Op. Cit.*, pag. 167.
47 Neto, Lira. *Getúlio 1930 -1945. Do governo...*, *Op. Cit.*, pag. 386.
48 Sander, Roberto. *O Brasil na mira de Hitler – A história do afundamento de 34 navios brasileiros pelos nazistas*. Ponto de Leitura, Rio de Janeiro, 2007, pag. 31.

sopravvivenza[49]". Tuttavia Joseph Goebbels considerava Oswaldo Aranha "un tipo comprato da Roosevelt[50]".

Con questo stesso spirito, nella linea data da Joseph Goebbels, a chi sottostava al di lui ministro, *Radio Berlino* lanciò, nelle sue trasmissioni per l'America Latina[51] questa provocazione: "Ci potrà mai essere prova più lampante di questa del fatto che il Brasile sia ora diventato una colonia parte del protettorato dell'America del Nord?"(*sic*).

Il 14 agosto 1941, Franklyn D. Roosevelt e Winston Churchill firmarono la Carta Atlantica[52], contenente i princìpi che avrebbero dovuto governare l'ordine giuridico mondiale nel dopoguerra. La Carta Atlantica, all'articolo 5, stabilì le direttive sullo sviluppo del diritto internazionale in un'ampia scala di settori. E gli articoli 2 e 3 trattarono l'autodeterminazione dei popoli come qualcosa che andava contro gli interessi imperialisti britannici[53] e che fu, da parte loro, colta con certa riluttanza e dietro pressioni americane. L'articolo 4 rappresentò nello stesso modo una dura battuta d'arresto nei confronti degli interessi imperialisti britannici, ponendo le basi della clausola della nazione più favorita, che divenne a posteriori il principio di base dell'Accordo Generale sulle Tariffe e il Commercio, del 1947[54].

Il 3 marzo 1942, gli Stati Uniti firmarono un accordo *Lend-Lease*, Prestito-Locazione, con il Brasile. Questo accordo sancì il

---

49 Stanley, Hilton. *Oswaldo Aranha – Uma Biografia*. Editora Objetiva Ltda., Rio de Janeiro, 1994, pag. 389.
50 Goebbels, Joseph. *Diário 1942-1943*. Editora A Noite, Rio de Janeiro, pag. 140.
51 Neto, Lira. *Getúlio 1930 – 1945. Op. Cit.*, pag. 419.
52 Vedi testo completo della Carta Atlantica, in Plesch, Dan. *America, Hitler and the UN – How the allies won the World War II and forgot Peace*. I.B., Taurus, Londra, 2011, pag. 24-25.
53 Churchill accettò soltanto il principio non discriminatorio del commercio internazionale come "prezzo da dover essere pagato dal sistema Lend- Lease". Vedere su questo argomento, Steil, Benn. *The Battle of Bretton Woods*". Princeton Univeristy Press, EUA, 2013, pag. 14.
54 Goyos Junior, Durval de Noronha. *A OMC e os Tratados da Rodada Uruguai*. Observador Legal Editora, São Paulo, 1995, pag. 11 *et seq*.

rifornimento di armi e munizioni di guerra pari, per allora, all'eloquente valore, di 200 milioni di dollari[55], con una riduzione del 65% del suo valore reale e a condizioni vantaggiose[56] di credito. In seguito, furono celebrati gli accordi che consentirono lo stanziamento di truppe americane nella regione nord-est del Brasile. Fu creata anche la Commissione Tecnica Militare Mista con rappresentanti di entrambi i Paesi.

In quel momento l'Esercito del Brasile aveva un contingente composto da 66mila soldati, organizzato in 5 divisioni di fanteria, delle quali 3 furono inviate nel nord-est sotto il comando del Generale Leitão de Carvalho[57]. Il resto della truppa fu lasciata, come di norma, stanziata lungo il confine con l'Argentina, Paese che allora era percepito come uno dei principali nemici esterni del Brasile.

La FAB – Forza Aerea Brasiliana, indipendente dal 1941, e meno equipaggiata dell'Esercito, possedeva circa 200 aerei, pochi dei quali adatti a combattere e nessuno di questi moderno. Nonostante ciò, i piloti brasiliani riuscirono ad acquisire grande esperienza attraverso il servizio delle poste aeree nazionali, soprattutto per quanto riguardava la navigazione. Per questi motivi, tutte le basi della FAB, aventi contingenti attrezzati con materiale in grado di espletare il riconoscimento marittimo, vennero traferite nel nord-est del Paese, sotto il comando del Brigadiere Eduardo Gomes[58].

Furono create basi aeree nell'Amapá, a Belém, a São Luís, Fortaleza, Natal, Recife, Maceió, Salvador e Caravelas, tutte di grande rilevanza per le operazioni di flusso di navigazione marittima, tanto quella nazionale come quella internazionale, così come la campagna

---

55 A posteriori, il valore è accresciuto a 360 milioni di dollari, integralmente pagati dal Brasile a rate, l'ultima parte liquidata il primo luglio 1954. Vedere su questo argomento *Causas e Consequências da Participação do Brasil na II Guerra Mundial*. Departamento de Imprensa Nacional, 1958, Rio de Janeiro.
56 Seitenfus, Ricardo. *Op. Cit.*, pag. 230.
57 Campbell, Keith. *Brazil in the Second World War*. Unisa Centre for Latin American Studies, Pretoria, South Africa, 1992, pag. 5.
58 Campbell, Keith. *Op. Cit.*, pag. 6.

anti-sottomarini sulla lunga ed estesa costa brasiliana[59]. In particolare, senza la base aerea di Natal, gli sforzi degli Alleati in Africa settentrionale avrebbero avuto problemi insormontabili di logistica. Rispetto alla situazione dell'Esercito e della FAB, la Marina brasiliana si trovò invece in una situazione decisamente migliore, grazie al programma di riarmo in corso e grazie alla capacità di costruzione navale già esistente sul territorio nazionale.

Nel 1937, il Brasile ricevette tre nuovi sottomarini fabbricati in Italia[60], che si unirono ad un altro, datato 1929 e proveniente anch'esso dall'Italia. A titolo di confronto, l'Italia nel 1938 possedeva 70 sottomarini[61]. La Germania, a sua volta, contava nella sua marina di guerra durante la Seconda Guerra Mondiale oltre 1.000 sottomarini[62].

I pochi sottomarini brasiliani non furono tuttavia utilizzati nelle operazioni militari che seguirono; il loro uso fu ristretto all'addestramento dei quadri della Marina del Brasile, per evitare il rischio di essere confusi con quelli del regime fascista italiano[63]. Questo ci dà una veemente lezione di storia e più di un motivo per il quale non acquisire armi da potenziali nemici o fonti poco affidabili, per qualunque ragione.

La flotta brasiliana possedeva ancora 9 moderne navi torpediniere (*destroyers*), disegnate dagli americani e dagli inglesi, al varo tra il 1940 e il 1941 e altre unità di minor misura. La nave ammiraglia della flotta brasiliana era la corazzata *Minas Gerais*, simile alla corazzata *San Paolo*, essendo state entrambe costruite intorno al

---

59 INCAER – Instituto Histórico-Cultural da Aeronáutica, *A participação da Força Aérea Brasileira na II Guerra Mundial*, in www.incaer.aer.mil.br.

60 Il Tamoio, il Tupi e il Timbira, della classe italiana Perla, erano sottomarini utilizzati lungo la costa. Alcune unità di questa classe servirono nella marina falangista, durante la guerra civile spagnola. Durante la Seconda Guerra Mondiale, i sottomarini di questa classe vennero impiegati nel Mediterraneo riscuotendo qualche successo.

61 Goebbels, Joseph. *Diario 1938*. Arnoldo Mondadori Editore, Milano, 1993, pag. 144.

62 Werner, Herbert A. *Iron Coffins*. Bantan Books, New York, 1969, pag. XXI.

63 Campbell, Keith *Op. Cit.*, pag. 15.

1910. La prima venne successivamente modernizzata nel 1939[64]. Nel settembre del 1941, il Brasile offrì l'uso delle basi di Recife e Salvador alle *Forze del Sud Atlantico* e alla Marina degli Stati Uniti, comandata dall'Ammiraglio Jonas Ingram.

La marina brasiliana cominciò ad addestrare le navi mercantili brasiliane a viaggiare in convoglio, usando le imbarcazioni della classe Carioca come scorta[65]. Si deve qui mettere in evidenza che, all'inizio degli anni '40, il trasporto cargo e di passeggeri tra il sud e il nord/nord-est del Brasile si svolgeva ancora per via marittima, come ai tempi dell'Impero Brasiliano. Per tale ragione, il buon funzionamento del trasporto marittimo brasiliano non fu solo di vitale importanza, ma anche una questione strategica decisiva, giacché era a rischio non solo il commercio estero, ma anche il commercio e le comunicazioni interne.

---

64 Campbell, Keith. *Op. Cit.*, pag. 7.
65 Campbell, Keith. *Op. Cit.*, pag. 8.

Il Presidente Getúlio Vargas.

Il Cancelliere Oswaldo Aranha.

La difesa della costa del Brasile e la guerra marittima e aerea nell'Atlantico meridionale

Con la mera minaccia di guerra proveniente dall'ambasciata tedesca, il 28 gennaio 1942 vennero rotti i rapporti diplomatici tra il Brasile e i Paesi dell'Asse. In particolare la Germania, ma anche l'Italia fascista, scatenò una guerra marittima contro i mezzi di trasporto navali brasiliani, avendo cura di escludere dagli attacchi i porti brasiliani. La costa brasiliana, lunga oltre 7.400 chilometri, è notoriamente ancora oggi molto difficile da proteggere.

La mobilizzazione militare e la difesa della costa brasiliana si concentrarono nel nord-est del Paese, per via della sua posizione geografica[1]. Difatti, il nord-est rappresentava un punto di accesso strategico sull'Oceano Atlantico meridionale, proprio di fronte all'Africa settentrionale; e in più si prospettava la possibilità di un accesso tedesco alla costa occidentale africana attraverso le colonie francesi. Gli Alleati temevano infatti un tentativo d'invasione continentale tedesca attraverso quest'area.

A causa dell'esistente stato di guerra, aumentarono i rischi legati al trasporto e in Brasile si verificò una crisi dei rifornimenti, che toccò sia i beni di prima necessità, che altri beni essenziali come la benzina. La nazione conobbe così un periodo di carestia ed

---

1 www.exercito.gov.br/web/guest/na-ii-guerra-mundial.

inflazione. Nel mese di maggio del 1942, la nave cargo *Comandante Lyra* fu silurata a Capo São Roque da un sottomarino italiano, il *Bargarigo*[2], che fu poi affondato, per mezzo dello sganciamento di 8 bombe, dal bombardiere B-25 Mitchell della Forza Aerea Brasiliana.

All'inizio di giugno del 1942, 3 imbarcazioni cargo, o di carattere misto, della marina mercantile brasiliana, tra cui le navi Alegrete e Paracuri, furono affondate da sottomarini tedeschi e italiani lungo tutta la costa brasiliana. In quell'occasione, molte persone persero la vita.

In luglio vennero affondate la nave Tamandaré, poi la Barbacena e la Piave. Tra il 18 e il 19 agosto del 1942 furono affondate dal sottomarino tedesco U-507 cinque navi cargo brasiliane: l'Arará, la Baependi, l'Aníbal Benévolo, l'Itagiba e l'Araraquara; a seguito di questa azione, si contarono circa 650 morti tra equipaggio e passeggeri.

L'indignazione e la commozione fra l'opinione pubblica nazionale divennero sempre più forti. Getúlio Vargas, parlando d'impulso, cosa che non era solito fare, a Rio de Janeiro dichiarò[3]: "Tornate tutti alle vostre case, con la coscienza tranquilla e la testa alta. Gli avvenimenti degli ultimi giorni non colpiranno il cuore del Brasile. Perché sopra ogni cosa, il Brasile è immortale. Viva il Brasile".

Per il 4 luglio del 1942, festa nazionale negli Stati Uniti, la gloriosa Unione Nazionale degli Studenti (UNE) indisse una manifestazione per esprimere la propria solidarietà dinanzi all'ambasciata del Paese americano. Gli esponenti del Governo Vargas, rappresentati dal capo della polizia di Rio de Janeiro Filinto Müller, si mossero per impedire la dimostrazione. Alla fine, questa si svolse senza incidenti[4] e registrò inoltre una grande e spontanea adesione popolare. Manifestazioni simili occorsero in tutto il Paese.

---

2 Ferraz, Francisco César. *Os Brasileiros e a Segunda Guerra Mundial*. Jorge Zahar Editor, Rio de Janeiro, pagg. 39-40.
3 Lira, Neto. *Getúlio 1930-1945. Op. Cit.*, pag. 422.
4 Seintenfus, Ricardo. *Op. Cit.*, pag. 298.

Il quarantanovenne Sobral Pinto, grande giurista brasiliano ed importante avvocato, in quell'occasione dichiarò che "il giorno in cui si decreterà una mobilizzazione generale del Paese, mi presenterò di fronte alle autorità militari, come qualunque altro cittadino, per offrire i miei servizi[5]".

Il 22 agosto 1942 il Brasile riconobbe ufficialmente lo stato di belligeranza e, di seguito il 31 agosto, dichiarò guerra contro la Germania e l'Italia. Così come osservarono Ruy e Buonicore, "il lungo passato tra l'inizio del siluramento delle nostre navi e il decretamento dello stato di guerra dimostra le esitazioni che ancora esistevano all'interno del Governo[6]". Ed infatti, la dichiarazione di guerra contro l'Impero Giapponese fu fatta solamente nel giugno del 1945, ossia meno di due mesi prima della fine del conflitto militare contro le forze nipponiche.

In questo senso, Seintenfus ha osservato con grande perspicacia che

con l'entrata in guerra del Brasile, la posizione del Governo Vargas, soprattutto quella del Presidente-dittatore, diviene difficile. Getúlio combatte ufficialmente contro l'Asse per la libertà e per la democrazia, ma allo stesso tempo mantiene la sua nazione sotto un controllo dittatoriale, che era una copia sbiadita delle dittature europee[7].

La dichiarazione di guerra del Brasile alle potenze dell'Asse fu più espressiva e coraggiosa perché occorse in un momento in cui le forze naziste e fasciste prevalevano sul conflitto, occupando in sostanza tutto il continente europeo. Il punto di svolta a vantaggio degli Alleati, durante la Seconda Guerra Mondiale, si sarebbe avuto a partire dal 31 gennaio 1943, quando le forze dell'Asse in quel teatro

---

5 Dulles, John W.F. *Op. Cit.*, pag. 219.
6 Ruy, José Carlos e Buonicore, Augusto. *Contribuição à história do Partido Comunista do Brasil*. Fundação Maurício Grabois/Anita Garibaldi, São Paulo, 2010, pag. 75.
7 Seintenfus, Ricardo. *Op. Cit.*, pag. 300.

di operazioni si sarebbero arrese, dopo la battaglia di Stalingrado, sul fronte orientale, contro le truppe dell'Armata Rossa[8].

L'8 novembre 1942 le forze alleate, comandate dal Generale americano George S. Patton, sbarcarono in Marocco e in Algeria e combatterono contro gli eserciti dell'Asse, che contavano un milione di uomini, inviati dall'Italia in Libia per unirsi agli *Afrika Corps*, le forze tedesche del Maresciallo Erwin Rommel. Gli eserciti dell'Asse si arresero il 12 maggio 1943, con l'Africa settentrionale come scenario di guerra.

Con la dichiarazione di guerra, il Governo brasiliano interpretò in maniera restrittiva la Convenzione di Ginevra del 1929, deportando nei campi di concentramento solo quei prigionieri di guerra che si trovavano in territorio nazionale e coloro che erano strettamente legati alle forze dell'Asse. Questo perché, secondo Marcondes Filho, il Ministro della Giustizia dello Stato Nuovo, la Convenzione non faceva riferimento ai civili[9].

Su un totale di circa 6 milioni di cittadini delle potenze nemiche, il Brasile rimosse nei campi di concentramento, costruiti secondo i criteri previsti dalla Convenzione di Ginevra, soltanto poche persone, un numero non superiore a 5mila. In contrasto, gli Stati Uniti arrestarono nei loro campi circa 110mila cittadini di origine giapponese[10]. Soltanto in Libia, furono internati nei campi di concentramento fascisti più di 100mila nativi. Il Governo di Getúlio Vargas resistette alle pressioni degli Stati Uniti per non adottare gli stessi procedimenti sul nostro territorio.

Il Governo brasiliano, tuttavia, impose agli immigranti restrizioni alla libertà di circolazione sul territorio brasiliano e, in particolare,

---

8 Sulla battaglia di Stalingrado vedere Marrone, Andrea. *La disfatta del Terzo Reich – La Battaglia di Stalingrado*. Newton Compton Editori, Roma, 2012. e anche Beevor, Antony. *Stalingrad*. Viking, Londra, 1998.

9 Perazzo, Ferreira Priscila. *Prisioneiros da Guerra – Os Súditos do Eixo nos campos de concentração brasileiros (1942-1945)*. Humanitas, San Paolo, 2009, pag. 61.

10 Perazzo, Priscila Ferreira. *Op. Cit.*

quella di non parlare la propria lingua in pubblico. Ad ogni modo, come osservò Angelo Trento,

> "è importante porre l'accento sul fatto che queste leggi furono applicate con una buona dose di tolleranza e che l'immensa maggioranza della popolazione dimostrò una grande benevolenza, rifiutandosi di considerare nemico qualcuno che aveva condiviso con lei, fino a quel giorno, allegrie, sofferenze, sacrifici, lavoro e divertimento e con chi aveva, spesso, stabilito legami familiari[11]".

Pochi giorni dopo la dichiarazione di guerra, altre tre navi mercantili brasiliane furono affondate: l'Osório, la Lajes e l'Antonico, tutte intorno alla regione del nord del Brasile. Verso la fine del 1942, la Porto Alegre fu affondata sulle coste del Sudafrica e l'Apalóide, nel Mar dei Caraibi. Diversi altri attacchi, falliti, furono tentati ad opera di sottomarini tedeschi e italiani.

Subito dopo la dichiarazione di guerra, la Forza Aerea Brasiliana organizzò pattuglie aeree per combattere i sottomarini nemici e la Marina del Brasile mise a punto un sistema di flotte per migliorare l'organizzazione e proteggere l'aeronautica. La Forza Aerea Brasiliana, in quel momento, ricevette nuovi aerei dagli Stati Uniti sotto il regime di *Lend-Lease,* per fini di guerra anti-sottomarini, tra i quali *Lockheed A- 28ª Hudsons, North American B-25 Mitchells* e gli idroaerei *Catalina*[12].

Si osserva che, solo a scopo di addestramento, gli Stati Uniti fornirono al Brasile, solo per la Scuola di Aeronautica, dal 1942 al 1944, più di trecento aeroplani d'istruzione[13]. In questo periodo la Forza Aerea Brasiliana formò, in Brasile, un numero pari a 558, di ufficiali aviatori e, nei campi di addestramento negli Stati Uniti, addestrò altri 281 ufficiali. Arrivando ad un totale di 839 unità.

---

11 Trento, *Angelo. Gli italiani in Brasile*. Sao Paolo, 2000, pag. 121.
12 Campbell, Keith. *Op. Cit.*, pag. 15.
13 INCAER. *Op. Cit.*, pag. 4.

Il 2 marzo 1942 fu creata la Base Aerea di Natal, a Parnamirim, approfittando di una piccola infrastruttura civile già esistente in quel luogo. Questa diventò la base responsabile di un triangolo che racchiudeva il teatro delle operazioni meridionali, incluso il sud dell'Europa, il nord dell'Africa, i Caraibi e la costa brasiliana. La base di Parnamirim diventò una delle più movimentate al mondo; per un periodo fu la principale e più usata base americana al di fuori delle frontiere continentali degli Stati Uniti.

Il pattugliamento aereo ideato per proteggere la flotta marittima, rappresentò un grande sforzo per la Forza Aerea Brasiliana. Migliaia di ore di volo furono totalizzate ogni mese, giorno e notte, spesso in condizioni climatiche avverse ed in aree distanti centinaia di chilometri dalla costa, alla ricerca di sottomarini che raramente furono avvistati[14].

A loro volta, le flotte organizzate dalla Marina brasiliana, furono protette dalle due forze navali brasiliane, la Forza Navale del nord-est, che aveva gli incrociatori *Bahia* e *Rio Grande do Sul*, quattro navi da guerra di scorta della classe *Carioca* e un numero d'imbarcazioni di pattugliamento e di attacco, fornite dagli Stati Uniti, e il *Gruppo Pattugliamento del Sud*. Il Capo Comandante della Marina brasiliana era l'Ammiraglio Dodsworth Maritns, mentre la Forza Navale del nord-est era comandata dall'Ammiraglio Alfredo Soares Dutra. Il *Gruppo di Pattugliamento Sud* aveva a capo il Comandante Ernesto de Araújo.

I convogli che viaggiavano sulla costa brasiliana, verso il nord, erano scortati fino a Recife dalla Marina brasiliana. Da Recife erano scortati da unità americane che avevano base in Brasile, fino all'isola di Trinidad, nei Caraibi. Da lì passavano ad integrare un altro sistema di convogli dell'emisfero nord, sotto responsabilità americana. Verso sud, il procedimento funzionava all'opposto: la copertura aerea era fatta da Belém, nel Pará, fino a Bahia, da unità della Forza Aerea Brasiliana e da altre americane, che avevano le loro basi in Brasile.

---

14 INCAER. *Op. Cit.*, pag. 10.

Carta delle colonie tedesche in Brasile.

Il 2 marzo 1943, la nave cargo brasiliana *Afonso Pena*, che apparteneva al Lloyd Brasiliano, distaccatasi dalla flotta il giorno prcedente, divenne facile preda e fu affondata dal sottomarino fascista italiano *Barbarigo*[15], comandato dal Capitano Tenente Roberto Rigo sulla costa dello Stato di Bahia, al largo di Porto Seguro. Ci furono 125 morti tra equipaggio e passeggeri.

Dal 1942 al 1945, le poche navi della Marina brasiliana

> fecero parte della scorta interalleata dei 251 convogli e eseguirono 195 scorte, esclusivamente brasiliane. Portarono in salvo 2.881 navi alleate, totalizzando 14 milioni di tonnellate, per 3.895 miglia di oceano, tra il Rio Grande e Trinidad, nei Caraibi [...][16].

La maggior parte delle navi mercantili brasiliane affondate dai sottomarini tedeschi e italiani furono *scout*, cioè navi che viaggiavano al di fuori della flotta. Queste ultime furono organizzate comprendendo un grande numero di navi, raggruppate in colonne, distanziate circa mille metri, e le navi della colonna distanti 500 metri l'una dall'altra[17]. Così si riuscì a mantenere un rettangolo protetto all'esterno dalla scorta.

Nell'area politica, il 28 gennaio 1943, il Presidente degli Stati Uniti, Franklin Delano Roosevelt, venne a Natal, in Brasile, per incontrare il Presidente Getúlio Vargas e per trattare alcune questioni strategiche, sulla cooperazione militare e sulla campagna comune che si sarebbe sviluppata. In quell'occasione, per iniziativa di Getúlio Vargas, il Brasile aderì alla Carta Atlantica[18] accordandosi sulla disponibilità delle truppe brasiliane ad entrare a fare parte del teatro europeo di guerra.

---

15 Lo stesso che aveva torpedinato il Commandante Lyra.
16 In accordo con l'ordine del 21 luglio 1966 dell'Amiraglio Arnaldo Toscano.
17 Alves de Almeida, Francisco Eduardo. *A Marinha do Brasil na Segunda Guerra Mundial: Históricas e Estratégicas*. In *O Brasil e a Segunda Guerra Mundial*.
18 De Almeida, Paulo Roberto. *Relações Internacionais e Política Externa do Brasil*. Editora da Universidade Federal do Rio Grande do Sul, Porto Alegre, 1998, pag. 122 *et seq.*

Secondo Boris Fausto,

> la decisione di inviare i contingenti – l'unico esempio tra i Paesi latinoamericani – fu il risultato di una combinazione di fattori; tra questi, l'interesse del Governo Vargas nel rinforzare il suo prestigio, considerato l'entusiasmo dell'opinione pubblica per l'iniziativa, il desiderio di avere una posizione importante nelle trattative del dopoguerra e, soprattutto, nell'ambito dell'ONU – Organizzazione delle Nazioni Unite –, la cui organizzazione era già stata pensata dalle grandi potenze[19].

Vargas vide nella partecipazione delle truppe brasiliane al conflitto mondiale, un modo per proiettare una prospettiva storica come parte del suo progetto di costruzione nazionale, giacché aveva l'intenzione, come di fatti successe a posteriori, che le truppe di tutto il Brasile prendessero parte alla Forza di Spedizione formatasi, in modo che tutta la nazione avrebbe potuto essere orgogliosa delle sue azioni[20].

Allo stesso modo, Getúlio e Roosevelt si presero cura della cooperazione civile, economica, finanziaria e commerciale tra i due Paesi durante il conflitto armato. Questa cooperazione non fu, come si potrebbe pensare a prima vista, unilaterale da parte degli Stati Uniti, giacché anche il Brasile contribuì, ad esempio destinando molte delle nostre già limitate navi cargo al trasporto merci degli Stati Uniti.

Nel 1943, 3 nuovi e moderni *destroyers*, costruiti nei cantieri navali nazionali situati a Rio de Janeiro, *Greenhalgh*, *Marcílio Dias* e *Maris e Barros* furono incorporati alla flotta brasiliana. Successivamente, 8 *destroyers* furono trasferiti dagli americani alla Marina brasiliana[21]. Con l'incremento della potenza di fuoco militare della nostra Marina da Guerra, ci furono trasferite maggiori

---

19 Fausto, Boris. *Op. Cit.*, pag. 105.
20 Bourne, Richard. *Op. Cit.*, pag. 161.
21 Battezzati con i nomi Bauru, Beberibe, Bertioga, Bracuí, Babitonga, Baependi, Benevene e Bacaina.

responsabilità per quanto riguardava le operazioni nell'Atlantico meridionale.

Secondo Almeida, la squadra americana

> fece un convoglio nell'Atlantico con 16mila navi, il che corrisponde a 16 mercantili per ogni nave da guerra. La Marina brasiliana fece un convoglio con 3mila navi, il che corrisponde a 50 navi mercantili per ogni nave da guerra brasiliana[22].

La nave da guerra brasiliana che totalizzò il più alto numero di partecipazioni fu la corvetta *Caravelas*, con 77 missioni[23].

La Forza Aerea Brasiliana, a sua volta, organizzò, in tre gruppi di squadre con base a Belém nel Pará, delle pattuglie per combattere i sottomarini nemici. Il 1° Gruppo fu stanziato nella base aerea del Galeão, a Rio de Janeiro, il 2° Gruppo a Florianópolis e il 3° Gruppo a Santa Catarina. Queste squadre ricevevano costantemente nuove attrezzature provenienti dagli Stati Uniti, sempre sotto il regime *Lend-Lease*. Ricevettero persino i *Lockheed PV-I Venturas*[24].

Il Brasile perse 34 navi nella Seconda Guerra Mondiale: 33 affondarono dopo la rottura dei rapporti diplomatici con i Paesi dell'Asse, il 28 gennaio 1942, e l'inizio dello stato di belligeranza unilaterale messo in atto da questi Paesi. Delle nostre navi affondate, 3 erano navi da guerra[25] e le altre, navi mercantili o miste che appartenevano alla Lloyd Brasiliana, Lloyd Nazionale e Costiera.

Durante la Seconda Guerra Mondiale, la marina mercantile brasiliana soffrì una perdita di oltre un terzo del suo tonnellaggio lordo, un totale di 150.203 tonnellate, delle quali il 73% apparteneva alla Lloyd Brasiliana. Il Brasile fu il 15° Paese per tonnellaggio affondato durante il conflitto. A loro volta, nello stesso periodo, i Paesi alleati persero 49 navi sulla costa brasiliana.

---

22 Alves de Almeida, Francisco. *Op. Cit.*, pag. 137.
23 Alves de Almeida, Francisco. *Op. Cit.*, pag. 317.
24 Campbell, Keith. *Op. Cit.*, pag. 23.
25 La nave-ausiliare, Vital de Oliveira, la corvette Camaquã e l'incrociatore Bahia.

D'altro canto, come dettagliato dalla ricerca condotta dall'Ammiraglio Arthur Oscar Saldanha da Gama, realizzata negli archivi del Commando Tedesco di Sottomarini, si costatò che

in tutto furono registrati 66 attacchi della Marina brasiliana a dei sottomarini tedeschi nell'Atlantico meridionale che comportarono il danneggiamento o l'affondamento di 18 sottomarini sul litorale brasiliano, di cui nove – il U-128, U-161, U-164, U-199, U-513, U-590, U-591, U-598 ed il U-662 – furono ufficialmente registrati dalla Marina tedesca come affondati dalla Marina brasiliana[26].

---

26 Revista Marítima Brasileira – Ano LXX1 – ott./dic. 1951. Rio de Janeiro, Imprensa Naval, Ministério da Marinha, 1952.

La difesa costiera e la guerra marittima ed aerea

La guerra navale sulle coste brasiliane.

La campagna della Forza di Spedizione Brasiliana in Italia

Il 31 agosto del 1942, giorno della dichiarazione di guerra del Brasile contro Germania e Italia, l'Esercito brasiliano contava circa 18mila uomini nel nord-est del Paese, un contingente così limitato che avrebbe potuto offrire soltanto una scarsa protezione alle basi aeree. Tuttavia, l'Esercito Brasiliano non aveva intenzione di passare la guerra limitandosi alla difesa domestica[1]. Questa posizione rifletteva l'orientamento di Getúlio Vargas, il quale sostenne fermamente, insieme a Roosevelt, che il Brasile avrebbe dovuto inviare un contingente militare per lottare al fianco degli Alleati, nel teatro europeo delle operazioni. Roosevelt aderì per diversi motivi, ma soprattutto perché l'esistenza di truppe brasiliane, in lotta sotto il comando americano, avrebbe rafforzato la *leadership* degli Stati Uniti nella regione.

Il Presidente Getúlio prese questa decisione in base al suo determinato istinto politico, ma anche ispirato da un'analisi fatta dal suo Ministro degli Esteri, Oswaldo Aranha. Secondo il Ministro, la partecipazione del Brasile nel conflitto avrebbe permesso al Paese di: avere una miglior posizione nello scenario politico mondiale[2],

---

[1] Campbell, Keith. *Op. Cit.*, pag. 25.
[2] Frank D. McCann. *Brazil and World War II: The Forgotten Ally*. The University of New Hampshire, www.tau.ac.il.

consolidare la sua superiorità all'interno dell'America del Sud, offrire una miglior cooperazione con gli Stati Uniti, rinforzare le influenze sul Portogallo e sulle sue colonie, sviluppare potere marittimo e aereo, sviluppare l'industria di base e quella leggera, espandere l'infrastruttura e sfruttare il petrolio domestico. In base all'accordo sancito tra Getúlio Vargas e Franklin Delano Roosevelt nel gennaio del 1943, sull'invio delle truppe brasiliane nel teatro europeo di guerra, gli Stati Uniti inviarono in Brasile il Generale Gareshe Ord, con lo scopo di pianificare i dettagli della partecipazione brasiliana. Egli concluse che il Brasile era determinato a lottare e che le truppe brasiliane avrebbero avuto una buona *performance* a seguito di un addestramento da quattro a otto mesi[3]. Getúlio Vargas confermò nuovamente la decisione di disporre le truppe brasiliane sotto la direzione strategica dell'Esercito degli Stati Uniti.

Fu raggiunto dal Governo brasiliano un accordo con gli Stati Uniti su un numero provvisorio di 60mila combattenti brasiliani per il teatro europeo di guerra, ossia, un corpo dell'Esercito composto di 3 divisioni. Un numero abbastanza ambizioso visto che, nel 1943, il Brasile possedeva un totale di soli 90mila uomini nelle armi.

Il 9 agosto 1943, fu creata la Forza di Spedizione Brasiliana, denominata 1ª Divisione della Fanteria di Spedizione – DIE, essendo composta di 3 reggimenti di fanteria: il Reggimento Sampaio, della Villa Militare di Rio de Janeiro; il 6° Reggimento, di Caçapava, San Paolo; e l'11° Reggimento di São João d'el Rei, Minas Gerais. L'artiglieria proveniva da reggimenti che avevano base negli Stati di Rio de Janeiro e San Paolo. L'Ingegneria era composta dal 6° Battaglione d'Ingegneria, di Aquiduana, Mato Grosso[4]. Mancavano i carri armati da guerra alla Forza di Spedizione Brasiliana, una mancanza grave di attrezzature per le operazioni contemplate.

La Cavalleria della Forza di Spedizione Brasiliana era costituita dal 1° Squadrone di Riconoscimento, organizzato nel 2° Reggimento

---

3 Campbell, Keith. *Op. Cit.*, pag. 25.
4 Mascarenhas de Moraes, J. B. *A FEB pelo seu comandante*. Biblioteca do Exército Editora, Rio de Janeiro, 2005, pag. 26 *et seq.*

Motomeccanizzato, con base a Rio de Janeiro. Questo squadrone era attrezzato con un'autoblina M-9 Greyhouond, del quale se ne possedevano 15 unità. Furono due i comandanti della Forza di Spedizione. Il primo fu il Capitano Flávio Franco Ferreira, sostituito già in Italia dal Capitano Plínio Pitaluga, brasiliano di origini italiane[5]. Il 1° Squadrone di Riconoscimento contava 218 arruolati e ufficiali effettivi.

D'altro canto, il 1° Battaglione della Sanità era organizzato con le formazioni sanitarie di San Paolo e Rio de Janeiro ed era composto da 1.369 uomini e donne, dei quali 198 erano medici, dentisti e quartiermastri. La truppa speciale era composta di: compagnie del comando generale, manutenzione, amministrazione, trasmissioni e polizia; oltre al gruppo di musica della divisione[6]. Fu riattivata presso la Forza di Spedizione Brasiliana la cappellania militare, avendo così inviato ai campi di battaglia d'Italia 25 cappellani cattolici e 3 pastori protestanti.

Il 9 luglio 1943, le truppe alleate sbarcarono in Sicilia, sulle spiagge vicine alla città di Gela, al sud dell'isola, respingendo rapidamente il contrattacco delle truppe tedesche e italiane. Palermo, capoluogo della regione, fu presa il 24 luglio dello stesso anno, dopo un bombardamento che distrusse il porto e il centro della città[7].

Il 21 agosto 1943, l'Ambasciatore brasiliano presso il Regno Unito, Moniz de Aragão, ufficializzò la decisione del Paese di entrare a far parte delle Nazioni Unite contro l'Asse nazi-fascista con la seguente dichiarazione, che ebbe ampie ripercussioni: "Il Brasile lotterà fianco a fianco con le Nazioni Unite, fino alla completa sconfitta dell'Asse[8]".

---

5 In accordo con il resoconto personale dettato all'autore, il 25 novembre 2013, da Octavio Pitaluga Neto, figlio del Capitano, e poi dal Generale Plínio Pitaluga, suo padre parlava l'italiano, lo aveva imparato in casa e usò spesso la lingua durante la campagna della FEB – Forza di Spedizione Brasiliana, anche durante il coordinamento delle azioni con i partigiani.
6 Mascarenhas de Moraes, J. B. *Op. Cit.*, pag. 27.
7 La ricostruzione dell'area è avvenuta in sei decadi.
8 Folha da Manhã, 22.08.1943, apud Dennison de Oliveira (org.). *A Força Expedicionária Brasiliera e a Segunda Guerra Mundial*. DECEX, Rio de Janeiro, 2012, pag. 14.

Il 3 settembre 1943 forze alleate, comandate dal Generale George S. Patton, dell'Esercito degli Stati Uniti, e dal Generale Bernard Montgomery, dell'Esercito del Regno Unito, invasero la penisola italica attraverso lo stretto di Messina, partendo dalla Sicilia, proprio come aveva fatto Garibaldi, sbarcando nel sud del Paese, in Calabria, con 150mila uomini, 4mila aerei e 600 carri armati.

Il Primo Ministro inglese, Winston Churchill convinse gli americani ad invadere il continente europeo dall'Italia, con l'obiettivo di permettere un maggior mutuo deterioramento da parte della Germania e dell'Unione Sovietica. Churchill[9], la cui rumorosa retorica spesso dissimulava intenzioni nefaste, denominò la Sicilia un'isola al largo dell'Africa, dove cominciare l'operazione sul "ventre morbido" d'Italia.

Le truppe alleate venivano da una campagna di successo nel teatro delle operazioni in Africa settentrionale, di minor importanza comparativa con l'Europa, e che ebbe soltanto ripercussioni strategiche (negative) per l'Italia, dinanzi alla sua politica imperialista e alla perdita di 100mila soldati e oltre 300mila militari fatti prigionieri. L'Italia fascista, oltre che la sua attendibilità militare, perse inoltre, nella campagna nordafricana, 26 divisioni, metà della sua Forza Aerea e il suo inventario di carri armati[10].

Il 7 ottobre 1943, fu nominato come Comandante della Forza di Spedizione Brasiliana il Generale della divisione João Batista Mascarenhas de Moraes, "un uomo tranquillo, la cui mancanza d'ambizione politica piaceva a Getúlio[11]".

Come risultato degli accordi presi con i rappresentanti degli Stati Uniti, il Brasile dovette fornire metà delle apparecchiature e l'addestramento per una divisione di fanteria e, inoltre, sopperire alla totalità delle necessità durante il teatro di guerra.

---

9 Churchill, che scrisse sul giornale di Mussolini, Il Popolo d'Italia, denominò il dittatore italiano il "il più grande legislatore esistente", in un discorso pronunciato al Queen's Hall, a Londra, nel 1933, nelle seguenti parole: The Roman genius is impersonated in Mussolini, the greatest law-giver among living men.
10 Hastings, Max. *Op. Cit.*, pag. 109.
11 Bourne, Richard. *Op. Cit.*, pag. 161.

Le difficoltà di addestramento furono tante[12]. *In primis*, la dottrina militare brasiliana, già obsoleta per via degli sviluppi tattici della Seconda Guerra Mondiale, si ispirava da molte decadi alle missioni francesi. Le armi dell'Esercito brasiliano erano parzialmente francesi, parzialmente tedesche, con alcune unità di altri Paesi, Danimarca inclusa. Perseguivano un reclutamento di persone. L'adattamento al sistema americano e alla guerra moderna, fatta di movimento, rappresentò una considerevole sfida, soprattutto per l'assenza di apparecchiature adatte.

I diversi manuali, che erano necessari, dovettero essere tradotti. D'altro canto, fu difficile mettere insieme tutta la truppa a Rio de Janeiro per un addestramento d'insieme, questo fu solo possibile nel mese di marzo del 1944, senza nemmeno tener conto del terreno montuoso e del futuro teatro di operazioni, senza potersi preparare alle condizioni climatiche tipiche dell'inverno italiano.

Così,

l'addestramento della Forza di Spedizione fu precario: la concentrazione delle truppe avvenne molto tardi, cominciò nel gennaio del 1944 e durò fino a marzo, lasciando soltanto aprile e maggio per la preparazione con le truppe come Divisione[13].

Non c'era neanche un campo per addestrarsi che potesse contenere tutta una divisione.

Già nel mese di luglio del 1943, un primo contingente di ufficiali brasiliani, erano in 30, fu inviato negli Stati Uniti con la finalità di ricevere l'addestramento. Gli altri furono spediti successivamente. Alla fine di quell'anno, il Generale Mascarenhas de Moraes visitò i

---

12 Altri Paesi periferici, che hanno partecipato al conflitto, come l'Australia, hanno avuto difficoltà nella preparazione dei soldati, come ha ben dimostrato la campagna di Singapore. Quelle che allora erano colonie, come l'India e il Sudafrica, ebbero difficoltà ancora più grandi con l'addestramento delle truppe.

13 Albino, Daniel. *Cobras Fumando: A Força Expedicionária Brasileira na Campanha da Itália*, in *O Brasil e a Segunda Guerra Mundial*. Multifoco, Rio de Janeiro, 2010, pag. 321.

campi di battaglia in Africa e in Italia, lasciando un gruppo di osservatori insieme al quartier generale del V Esercito nordamericano[14].

Sotto gli ordini del Generale Mascarenhas de Moraes, c'erano il Generale Euclides Zenóbio da Costa, comandante della fanteria, il Generale Cordeiro de Farias, comandante dell'artiglieria, e il Generale Olympio Falconiere da Cunha, responsabile per gli elementi non divisionari. Il capo dell'Intelligence era il Tenente Colonnello Amaury Kruel e il responsabile per le operazioni di guerra fu il Tenente Colonnello Humberto Castelo Branco.

Ci fu una grande leva di volontari che integrarono la Forza di Spedizione Brasiliana. Questi dovevano passare sotto un rigido esame prima di essere selezionati. Molti furono bocciati. Così, la lotta di massa antifascista garantì l'ampliamento dello spazio democratico e popolare del Partito Comunista del Brasile, che orientò molti dei suoi militanti a presentarsi come volontari[15]. Tra le donne volontarie per il gruppo di infermiere della Forza di Spedizione Brasiliana ci fu Clarice Lispector, che diventò successivamente una delle più importanti scrittrici brasiliane.

Dovuto al grande numero di elementi, la Forza di Spedizione non poté essere spedita al completo nel teatro d'operazione in Italia. Il primo contingente, con 5.075 soldati, composto dal 6° Reggimento della Fanteria, unità precorritrice e di sostegno, si imbarcò a Rio de Janeiro il 30 giugno 1944. Ne fece parte il Generale Mascarenhas de Moraes. Il viaggio durò circa 3 settimane, fino al porto di Napoli, in Campania, e poi venne diretto via terra a Pisa, verso l'importante porto di acque profonde di Livorno, in Toscana.

Il numero di soldati della Forza di Spedizione Brasiliana arrivò a 25.334 e vi fecero parte rappresentanti di 21 Stati brasiliani[16], tra questi 68 donne che servirono come infermiere nelle unità di sanità. Il numero di combattenti fu 15.265. Questi furono trasportati su navi americane, scortate dalla Marina del Brasile, dalla

---

14 Mascarenas de Moraes, J. B. *Op. Cit.*, pag. 32.
15 Ruy e Buonicore. *Op. Cit.*, pag. 75.
16 Mascarenhas de Moraes, J. B. *Op. Cit.*, pag. 313.

Forza di Spedizione Brasiliana e da alcune unità della Marina degli Stati Uniti.

Tra i membri della Forza di Spedizione vi erano molti discendenti d'immigranti italiani, tedeschi, giapponesi, polacchi, libanesi tra gli altri. Come fu ricordato dal Sergente Ruy de Noronha Goyos[17], prevalevano anche i *cabocli*[18], provenienti da tutto il Brasile, nella Forza di Spedizione Brasiliana.

Tra i giovani ufficiali della Forza di Spedizione Brasiliana di origine straniera vi era il Sottotenente Rubens Resstel, del II Gruppo di Obici dell'artiglieria divisionaria, nipote di un tedesco di Hannover e di un'italiana di Verona, appena formatosi presso l'Accademia Militare di Realengo. Il Sottotenente Resstel servì con straordinaria bravura e, combattendo, fu ferito 3 volte[19]. Ricevette, per la campagna d'Italia, il riconoscimento della *Silver Star*, una delle più alte onorificenze dell'Esercito americano degli Stati Uniti, la Croce di Combattimento di 1ª Classe, la Medaglia di Sangue del Brasile e la Medaglia di Campagna[20].

Inoltre, il multiculturalismo, caratteristico delle truppe della Forza di Spedizione Brasiliana, non era segnato da segregazioni e divisioni dei battaglioni di bianchi, neri e giapponesi, come lo erano all'opposto le forze americane, dove i soldati neri venivano esclusi dalle guardie d'onore e si presentavano sempre separatamente, spesso con attrezzature inferiori, fino alla fine della guerra. Per molto tempo, l'esercito americano segregò persino il sangue usato nelle trasfusioni.

Una foto di un aspetto dell'imbarco della Forza di Spedizione a Rio de Janeiro mostrando soldati bianchi e neri insieme, fece

---

17 Resoconto personale all'autore, primo giugno 2013.
18 Nota della traduttrice: in portoghese si usa la parola caboclo per denotare i meticci tra bianchi e indios, però in questo contesto, secondo l'autore, la denotazione ha una connotazione nel senso di uomo rude.
19 Resoconto del figlio omonimo del Generale Resstel all'autore il primo giugno 2013.
20 Muore a 88 anni il Generale Rubens Resstel dovuto a complicazioni cardiache, AE 27.07.2008, in www.bahdigital.com.br.

scalpore negli Stati Uniti e fu utilizzata da diversi mezzi per promuovere l'integrazione razziale del Paese. L'*Afro-American*, di Baltimore pubblicò la foto con l'intestazione "Neri e Bianchi lottano insieme per il Brasile, perché non per gli USA?[21]"

I membri della Forza di Spedizione trovavano ripugnante la segregazione razziale nelle truppe americane e accoglievano le persone di colore ferite dell'esercito americano nel servizio medico brasiliano. A loro volta, gli americani di colore feriti preferivano essere trattati dal servizio medico brasiliano in quanto privo di qualsiasi tipo di discriminazione razziale[22]. L'integrazione multiculturale delle truppe brasiliane fu utilizzata per promuovere la campagna di diritti civili dei neri negli Stati Uniti durante e dopo la Seconda Guerra Mondiale.

Quando arrivarono in Italia, le truppe della Forza di Spedizione trovarono un paese in piena guerra civile, dato che l'8 settembre del 1943 Mussolini era stato deposto e gli italiani avevano firmato l'armistizio con gli Alleati. L'Italia era rovinata e, sconfitta nel conflitto, la sua poplazione non s'identificava più con Mussolini: lo odiarono intensamente così come l'avevano amato[23]. Già in quella occasione,

> la XLIV divisione di fanteria tedesca e la CXXXVI brigata di montagna *Dolha* avevano forzato il passo del Brennero e occupato l'Alto Adige. Nei giorni successivi altre nove divisioni, comprese la XXIV corazzata e la divisione *SS Hitler*, [scesero] in Italia [impadronendosi] di importanti nodi di comunicazione[24].

Accadde, però, che Mussolini fu liberato dai tedeschi e instaurò la cosiddetta Repubblica di Salò. Le truppe fasciste lottarono in

---

21 Rosenheck, Uri. *Olive Drab in Black and White: The Brazilian Expeditionary Force*, The US Army and Racial National Identitymore, in lasa.international. pitt.edu, 2010.
22 Rosenheck, Uri. *Op. Cit.*
23 Innocenti, Marco. *Op. Cit.*, pag. 117.
24 Del Boca, Angelo. *Italiani, Brava Gente?* Neri Pozza Editore, Vicenza, 2005, pag. 169.

numero considerevole a fianco dei tedeschi che effettivamente controllavano le aree non liberate d'Italia. Militarono dalla parte della Repubblica Sociale Italiana 4 divisioni fasciste per un totale di circa 100mila uomini, tra cui la divisione alpina Monterosa, che arrivò in Italia dalla Germania nello stesso momento in cui arrivò la divisione brasiliana. La Monterosa praticò delle atrocità, tutt'oggi ricordate, nella regione della Liguria, contro la popolazione italiana. Circa 300 generali servirono la Repubblica Sociale Italiana, tra questi anche l'infame Maresciallo Rodolfo Graziani.

Gradualmente le truppe italiane leali furono portate al fianco degli Alleati; tra questi vi era già un contingente importante di partigiani ingrossato di 5mila volontari sovietici[25]. Si trattò di una vera e propria guerra civile. Il 22 marzo 1944 nacque il Corpo Italiano di Liberazione con la creazione della prima divisione. Il 24 settembre 1944 gli Alleati decisero di permettere la nascita di 6 nuove divisioni italiane. L'Italia fu devastata dalla guerra e gli italiani attraversarono enormi difficoltà. Le città furono duramente bombardate dall'aviazione e dall'artiglieria delle forze alleate e furono semidistrutte. Il Paese contò il più grande numero di morti civili nei bombardamenti alleati (64mila), rispetto all'Inghilterra con gli attacchi della *Luftwaffe*. Il popolo italiano, senza speranze, soffrì il freddo, la fame, la sete, ma non perdette il senso di critica. Cantava:

Mussolini, il Duce che ci conduce,
di giorno ci manca il pane
di notte ci manca la luce.

La Forza di Spedizione Brasiliana fu una delle 20 divisioni alleate a combattere in quel periodo nel teatro delle operazioni italiane. Suo compito era quello di integrare il 4° corpo dell'Esercito americano, subordinato al V Esercito degli Stati Uniti. Tra le truppe che combattevano al fianco della Forza di Spedizione, vi erano i quadri

---

25 Semiriaga M.I. et al. *Missão Libertadora das Forças Armadas Soviéticas na Segunda Guerra Mundial.* Livraria Ciência e Paz, 1985, pag. 31.

segregati della 92ª divisione americana (neri) e della 442ª (nipponici). Si contavano inoltre le truppe italiane antifasciste, le truppe coloniali britanniche e francesi.

I membri della Forza di Spedizione ebbero il loro battesimo di fuoco il 16 settembre 1944, quando entrò in azione l'artiglieria brasiliana. In quell'occasione, l'Esercito degli Stati Uniti operò in quella regione in una situazione critica, dovuta soprattutto alla mancanza di fanteria, visto che 7 divisioni erano state trasferite sullo scenario francese delle operazioni di guerra. Le truppe brasiliane furono rinforzate da 3 compagnie di carri armati del 5° Esercito degli Stati Uniti.

All'inizio delle sue attività, la Forza di Spedizione Brasiliana ebbe difficoltà minori, in quanto le truppe tedesche si stavano ritirando su una posizione difensiva fortificata più a nord, nella regione degli Appennini toscani, la cosiddetta *Linea Gotica*[26], costruita parzialmente attraverso il lavoro schiavo, svolto dall'*Organizzazione Todt*, un'entità creata dal Governo nazista per abilitare progetti delle opere pubbliche, soprattutto di interesse militare. La *Linea Gotica* aveva circa 300 chilometri di estensione, dal Mar Tirreno al Mare Adriatico. Le sue difese statiche, combinate al terreno favorevole, impedirono l'avanzata delle truppe alleate per circa 8 mesi.

Così, avendo adottato nuove posizioni fortificate, sulle montagne, i tedeschi ripresero la loro consueta resistenza. Le truppe tedesche ricevettero istruzioni da Berlino per trattare con estrema durezza la Forza di Spedizione Brasiliana, in modo da provocarne la demoralizzazione e sminuirla agli occhi degli altri Paesi dell'America Latina, giacché i brasiliani erano gli unici di quella regione a combattere nel teatro europeo di guerra. Il razzismo nazista incoraggiava questa pratica.

Il Sergente Ruy de Noronha Goyos[27], terrificato, descrive ancora oggi, con enorme rancore, che i cadaveri dei membri della Forza di

---

26 La Linea Gotica si estendeva da Pisa, sulla costa Toscana, fino a Rimini, sulla costa Adriatica, tagliava la penisola da ovest ad est, ma si trovava, per la maggior parte, sul territorio di montagna degli Appennini.

27 Resoconto personale fatto all'autore il primo giugno 2013.

Spedizione Brasiliana caduti in combattimento erano minati con artefatti dalle truppe tedesche, in modo da causare un calo nei servizi medici dell'esercito brasiliano. Le giuste misure furono prese con successo, ma il sentimento di rivolta dovuto all'avvilimento del corpo degli eroi caduti persistette e vive sino ad oggi nella nostra memoria.

La prima città italiana che fu liberata dalla Forza di Spedizione Brasiliana fu Massarosa, il 16 settembre 1944. Massarosa era, come lo è ancora, un importantissimo crocevia ferroviario e stradale. Si trova sui contrafforti degli Appennini, verso la fine della stretta fascia costiera che collega Pisa, in Toscana, a Genova, in Liguria, e dove passava – già dall'epoca dei romani – un collegamento nord-sud sulla costa mediterranea del nord-est Italia.

Inoltre, da Massarosa si potevano controllare autostrade e ferrovie che, da costa a costa, portavano a Pistoia, Firenze e Bologna, importante centro industriale e commerciale vicino al mare Adriatico. Alcuni storici attribuirono alla Forza di Spedizione Brasiliana soltanto missioni tattiche. Basta però, avere poca conoscenza geografica per capire l'importanza strategica di Massarosa. Di seguito furono liberate Bozzano e Quiesa, dove il Generale Zenóbio da Costa stabilì il suo quartier generale[28]. Poi la Forza di Spedizione passò a operare nella valle del Serchio, in un terreno progressivamente più accidentato che facilitò le azioni di difesa.

Il fiume Serchio nasce sugli Appennini e si dirige verso Lucca, per poi sfociare nel Mediterraneo, a nord di Pisa. Per arrivare a Lucca, il fiume passa attraverso la regione in cui furono attive le truppe della Forza di Spedizione, la cosiddetta Garfagnana[29], una delle aree più inospitali della penisola italica, giacché combina alte montagne, densa vegetazione e gole profonde.

Nella difficile operazione, la Forza di Spedizione conquistò le sue vittorie a Camaiore, Monte Prano e Barga. In quella regione operava, allora, la tanto veterana quanto esperta 148ª divisione tedesca, sostenuta dalle divisioni fasciste *Italia*, *San Marco* e *Monterosa*, e contava

---

28 Il quartier generale della divisione era situato vicino a Pisa.
29 Una regione dove vengono praticati anche i cosiddetti sport radicali.

ancora molti elementi di diversi altri raggruppamenti fascisti idiosincratici. La 148ª divisione tedesca era l'unica divisione rimasta intatta nel teatro delle operazioni della penisola italica. Si nota che l'Italia non era mai stata conquistata da sud a nord: persino Annibale e Napoleone invasero la penisola nel senso opposto.

In seguito, la Forza di Spedizione passò la valle del fiume Reno, ancora a portata dell'artiglieria tedesca. Il nuovo obiettivo brasiliano fu l'insieme di Belvedere, Torraccia, Monte Castello, posizioni di montagna abbastanza elevate che dominavano l'accesso all'importante città di Bologna, nel senso ovest-est.

Da novembre del 1944 a febbraio del 1945, le truppe brasiliane dominarono la difesa del Monte Belvedere, situato a nord-est della valle del Serchio, una regione anche montagnosa dove le forze tedesche erano stanziate in quanto traevano beneficio dal vantaggio offerto dal terreno accidentato, proteggendo così il fianco di difesa di Bologna. Nella conquista del Monte Belvedere morirono eroicamente in combattimento il Tenente Max Wolff Filho, comandante dal plotone delle truppe speciali, premiato con la medaglia Bronze Star, la Croce di Guerra e la Medaglia di Sangue del Brasile, e il soldato Menassés de Aguiar Barros, di una famiglia tradizionale dell'interno dello Stato di San Paolo, insignito della Croce di Guerra e della Medaglia di Sangue del Brasile.

In seguito, i membri della Forza di Spedizione conquistarono Torraccia e raggiunsero la cima di Monte Castello con il sostegno aereo della Forza Aerea Brasiliana. Fu una campagna molto dura, tenuta in pieno freddo inverno con temperature sotto i 20°C, senza vestiti adeguati e su un terreno avverso, lottando contro la truppa di veterani esperti. Lo sforzo per dominare Monte Castello durò niente meno che 3 mesi, dal 24 novembre 1944 al 21 febbraio 1945.

Secondo il Sergente Ruy de Noronha Goyos[30] che lottò nella regione, facendo parte del 6° battaglione d'Ingegneria della Forza di Spedizione Brasiliana, le divise delle truppe brasiliane erano fatte in un tessuto di cotone ritorto, una specie di "tela di canapa", diceva,

---

30 Resoconto personale fatto all'autore il primo giugno 2013.

un tessuto normale; mentre le truppe americane, che lottavano in quella regione, erano attrezzate con divise impermeabili, per essere usate sulla neve. I loro soldati, in grado di usare gli sci, erano stati addestrati nelle montagne del Colorado, negli Stati Uniti. I soldati brasiliani, invece, non conoscevano ancora la neve. Alcuni non erano mai stati al freddo.

Dal 16 settembre 1944, la Forza di Spedizione Brasiliana conquistò il nemico,

> "a volte centimetro per centimetro, sui 400 chilometri, da Lucca ad Alessandria, tra le valli dei fiumi Serchio, Reno e Panar e nella pianura intorno a Padova; liberarono oltre 50 paesini e città. Tra queste, Montese, il primo comune italiano liberato dalla Forza di Spedizione Brasiliana, il 14 aprile 1945, durante una battaglia che durò tre o quattro giorni e lasciò la regione in uno stato di desolazione e distruzione[31] [...]."

Secondo il Generale Mark Clark, comandante del 5° Esercito Americano, la principale forza alleata, alla quale si unì e con la quale operò la Forza di Spedizione Brasiliana, insieme alle forze armate americane, indiane, sudafricane e britanniche, "La Forza di Spedizione aprì buchi impressionanti nella difesa tedesca e conquistò Monte Castello, dopo aver cacciato il nemico da Monte Belvedere e Monte della Terraccia[32]".

Secondo quanto registrato nel Museo Storico di Montese, "i rapporti con la società civile furono frequenti e positivi, vi era un clima di amicizia e calore umano: dalla parte brasiliana i soccorsi e rifornimenti ai civili furono spesso oltre i limiti stabiliti dagli Alleati[33]".

Secondo la testimonianza del Sergente Ruy de Noronha Goyos[34], le truppe tedesche, nel ritirarsi, sottrassero alla popolazione civile

---

31 www.museo.comune.montese.mo.it, FEB – Forza di Spedizione Brasilana.
32 Wayne Clark, Mark. *Il comandante della V armata*. Associazione Culturale Sarasota, pag. 443.
33 La FEB – Forza di Spedizione Brasiliana. *Op. Cit.*, V. nota 93.
34 Resoconto personale fatto all'autore il primo giugno 2013.

tutte le risorse di cibo e dei mezzi di sopravvivenza di base, per quell'inverno così freddo. Secondo i suoi ricordi di quel periodo, la popolazione viveva un momento critico: la condizione di vita dei bambini era penosa, ciò portava gli integranti della Forza di Spedizione, commossi, a condividere con loro il proprio cibo, in un primo momento, per poi organizzare un sistema d'aiuto d'emergenza.

Con riconoscenza per il rapporto fraterno che si stabilì tra i soldati della Forza di Spedizione, Montese dedicò loro, oltre alla sala 5 del Museo Storico, due monumenti[35], una via e una piazza[36]. Inoltre, la Forza di Spedizione Brasiliana stabilì un rapporto di stretta collaborazione con le forze italiane di resistenza contro i tedeschi, gli eroici partigiani[37], soprattutto con le *Brigate di Giustizia e Libertà* e con la *Divisione Garibaldi*, quest'ultima formata da quadri del Partito Comunista Italiano. Il 26 e il 27 novembre 1944, il Primo Plotone di Riconoscimento Motomeccanizzato della Forza di Spedizione Brasiliana cooperò con 150 partigiani in posizione di combattimento, durante una missione di pattuglia. Successivamente, i partigiani collaborarono con la Forza di Spedizione Brasiliana anche su missioni di guida, trasporto, approvvigionamento, scorta, guardia dei prigionieri e rapporto con la popolazione locale[38].

Dopo Montese, la Forza di Spedizione Brasiliana si lanciò in un movimento verso est, vicino all'Adriatico, dove si trovava, ritornando verso ovest, da dove era partita, verso il Mediterraneo e il porto di Genova per tentare di stroncare lì la ritirata delle truppe tedesche che si muovevano, attraverso l'Italia settentrionale, verso la Germania.

---

35 Ci sono altri monumenti in Italia in omaggio alla Forza di Spedizione Brasiliana, persino uno intitolato *Liberazione*, con Monte Castello sul fondo.
36 La FEB – Forza di Spedizione Brasiliana. *Op. Cit.*, V. nota 93.
37 Secondo i dati forniti nel dopoguerra, vi era, all'epoca in cui le truppe brasiliane operavano sul teatro di guerra in Italia, un totale di circa 100mila partigiani. Vedere su questo argomento Monti, Sturani Luixa. *Op. Cit.*, pag. 45.
38 Capitano Plínio Pitaluga, rapporto del Primo Plotone di Riconoscimento Motomeccanizzato della Forza di Spedizione Brasiliana, sulla campagna italiana, il 30 gennaio 1946.

In questo duro avanzare di 209 chilometri, percorsi in pochi giorni e con condizioni avverse, la Forza di Spedizione Brasiliana liberò Alessandria, importante punto d'incontro a soli 50 chilometri a nord-est di Genova, obiettivo strategico degli Alleati, e Fornovo[39]. Genova fu alla fine liberata dai partigiani, dopo il collasso delle difese tedesche sul fronte dell'Europa dell'est.

Il 26 aprile 1945, la Forza di Spedizione Brasiliana entrò di nuovo in contatto con la 148ª Divisione tedesca, che includeva la divisione fascista dei Bersaglieri, della Repubblica di Salò, a Fornovo. Questa riuscì a fermarli e stroncò la loro ritirata verso il nord, bloccandoli contro gli Appennini, fino alla resa incondizionata[40] firmata dal Generale tedesco Otto Fetter Pizo, accompagnato dal Generale fascista italiano, Mario Carloni, che fino a poco tempo prima comandava la divisione alpina fascista Monterosa. In questa operazione si distinse nuovamente il 1° Squadrone di Riconoscimento Meccanizzato, comandato dal Capitano Plínio Pitaluga, il quale "con un'azione magnifica e coraggiosa, come la truppa d'inseguimento", tenne la prima linea della Divisione tedesca[41].

La Forza di Spedizione Brasiliana accolse un contingente con 20.573 combattenti tedeschi e fascisti italiani[42]; tra loro, due generali e 892 ufficiali, 80 cannoni, 5mila vetture e 4mila cavalli. Questo numero equivaleva al contingente stesso della Forza di Spedizione Brasiliana; qualcosa di straordinario! Ancora di più, un terzo delle truppe tedesche nel teatro di guerra italiano si arrese alle truppe brasiliane, il che rappresentava circa il 5% del contingente alleato. Circa 800 prigionieri ebbero bisogno di ricevere cure mediche urgenti, il che significò una grande pressione per i medici della Forza di Spedizione Brasiliana.

---

39 Wayne Clark, Mark. *Il comandante della V armata*. Associazione Culturale Sarasota, pag. 461.
40 Legione del Paraná della Forza di Spedizione Brasiliana, Mappa della Forza di Spedizione Brasiliana durante la Campagna d'Italia, Imprensa Oficial, s/d.
41 http://www.decavalaria.com/index.php/coisas-de-cavalaria/cavalarianos-ilustres/145-g...28/11/2013.
42 Tra i quali il Generale fascista Mario Carloni.

A questo episodio di resa partecipò l'allora Tenente della Forza di Spedizione, Salli Szainberber, di origine ebraica, il quale prestava servizio nell'artiglieria divisionaria e partecipò all'accerchiamento di pressione insieme al 6° Reggimento della Fanteria.

In seguito, in una fase finale della campagna d'Italia, le truppe della Forza di Spedizione arrivarono a Torino, in Piemonte, il 2 maggio 1945, per poi avanzare fino al confine italiano con la Repubblica Francese, di nuovo una regione montagnosa come le Alpi Mediterranee, dove si ricongiunsero con le truppe del Paese.

L'emblema della Forza di Spedizione era un serpente stilizzato che fumava, una risposta ferma e con un tocco di *humour* al commento fatto da Adolf Hitler sulla dichiarazione di guerra del Brasile fatta alla Germania e all'Italia, secondo il quale sarebbe stato più facile vedere un serpente fumare che vedere le truppe brasiliane fare la differenza nei campi di battaglia.

Le perdite della Forza di Spedizione Brasiliana, durante la campagna italiana, furono di 456 morti, di cui 13 ufficiali, 444 arruolati; 2.722 feriti; 35 prigionieri, dei quali 1 ufficiale e 34 arruolati. Tra i cognomi dei caduti brasiliani si trovano, a fianco di centinaia di nomi tipicamente brasiliani come Aguiar Barros[43], cognomi di famiglie di immigranti come Marchetti, Berti, Zecchin, Nardelli, Tomazini, Naliato, Randi, Pavani, Lorenzi, Brandini, Gastaldoni, Nonato, Marotti e Pitaluga, di origine italiana. Hisserich, Kopp, Göering, Piffer, Rittmeister Schade, Stobl, Weber, Wolff e Holder, di origine tedesca. Higaskino di origine giapponese. Jamil Dagli, Jacop Cheib e Assad Feres, di origine libanese[44].

Il 10 settembre 1944 cominciò la dislocazione dell'aviazione brasiliana, rappresentata dal 1° Gruppo di Caccia della Forza Aerea Brasiliana comandato dal Maggiore Aviatore Nero Moura, per l'Italia, finendo il 7 ottobre dello stesso anno, nella base aerea di

---

43 Zio del cittadino di Rio Preto Professor José Manuel de Aguiar Barros, ex-presidente del Centro Accademico XI di Agosto, della Facoltà di Giurisprudenza "Largo di San Francesco" e importante giurista brasiliano.

44 Mascarenhas de Moraes, J. B. *Op. Cit.*, pag. 260 et. seq.

Tarquinia, vicino a Roma. Di seguito il gruppo fu trasferito a Pisa, più vicino alle operazioni.

Il 1° Gruppo di Caccia della FAB era attrezzato con aerei americani P-47 Thunderbolt, robusti aerei caccia del peso di circa 7 tonnellate ciascuno e dotati di un motore con oltre duemila cavalli. Le condizioni di eccellenza[45] dei P-47 erano ben conosciute, operavano come dei caccia bombardieiri.

Gli obiettivi del Gruppo di Caccia della FAB avevano tre finalità principali:

Dare sostegno terrestre al fronte di combattimento;

Isolare il campo di battaglia attraverso l'interruzione sistemica delle vie di comunicazione nella valle del Po;

Distruggere l'industria e le installazioni militari nemiche nel nord dell'Italia[46].

Il primo ordine dato al Commando del 1° Gruppo di Caccia della Forza Aerea Brasiliana, il 14 ottobre 1944, ricorda che "nella storia dei popoli c'è toccato così l'onore di essere la prima forza aerea sudamericana che attraversò l'oceano e aprì le proprie ali sui campi di battaglia europei[47]".

Il Gruppo era stato addestrato in Brasile, a Panama e negli Stati Uniti.

Il simbolo del 1° Gruppo di Caccia della Forza Aerea Brasiliana, creato dal Colonnello Geraldo Guia Aquino, mostrava uno struzzo, uccello che mangia tutto, con il fisico del Tenente Pedro de Lima Mendes, su nuvole bianche, il pavimento dell'aviatore. Lo scudo azzurro con la costellazione della Croce del Sud, con una cornice verde oro, simboleggiava le Forze Armate del Brasile. Il distico "*senta a pua!*[48]" che era il gergo di allora per dire andiamo avanti, ed era il grido di guerra del 1° Gruppo Caccia ed era come dire in

---

45 Perdigão, Luiz Felipe. *Avestruzes no céu da Itália (A FAB NA GUERRA EUROPEIA)*. Ristampa dell'originale del 1945, Edizioni Il Fiorino, Modena, Italia, pag. 46 *et seq*.
46 O Brasil na II Guerra Mundial, in www.brasilinter.com.br.
47 Perdigão, Luiz Felipe. *Op. Cit.*, pag. 53.
48 Come dire "ammazzali" oppure "all'attacco".

inglese "*tally ho*" oppure, come direbbero i francesi, "*à la chasse!*". Il Brigadiere Ruy Moreira Lima, nel suo classico libro sull'azione della Forza Aerea Brasiliana in Italia, raccontava la storia della creazione di questo simbolo.

L'altra unità della Forza Aerea Brasiliana, che partecipò al conflitto in Italia, fu il 1° Squadrone di Collegamento e Osservazione *Tienilo d'Occhio* (*Olho Nele*) che operò insieme all'artiglieria divisionaria della Forza di Spedizione Brasiliana come osservatori e direzionatori di tiro.

All'inizio di novembre, il Gruppo di Caccia della Forza Aerea Brasiliana cominciò a operare con le squadriglie completamente costituite dagli ufficiali brasiliani e ricevette la lista degli obiettivi che avrebbe dovuto attaccare. Anche i loro elementi di sostegno erano brasiliani. Tra di loro vi era il corpo medico con circa 200 ufficiali e 6 infermiere.

Le incursioni del 1° Gruppo di Caccia della FAB erano composte da 8 aerei divisi in due sezioni di quattro dispositivi. Ogni aeronave portava due bombe da 500 libbre e otto mitragliatrici. Il 6 novembre, la Forza Aerea Brasiliana ebbe la sua prima perdita fatale in combattimento, il Tenente Aviatore Cordeiro e Silva.

In dicembre, il Gruppo si spostò verso la base aerea di Pisa, più vicina ai luoghi di combattimento, come abbiamo già osservato sopra, ma pur così la distanza della zona di operazioni era di circa 200 chilometri. Due aviatori brasiliani, il Capitano Theobaldo Kopp e il Tenente Danilo Moura, in incidenti distinti, furono abbattuti in combattimento dalle batterie antiaeree tedesche e si unirono ai partigiani che operavano in zona.

Il Capitano Theobaldo Kopp partecipò insieme ai partigiani di Fabbrico (RE) ad alcune azioni di guerriglia dopo essersi unito alle truppe alleate che avanzavano verso nord[49]. A sua volta il 2° tenente Marcos Magalhães fu abbattuto e venne imprigionato dai tedeschi, ma riuscì ad evadere.

---

49 Collezione Giorgio Breviglieri. *Erano tempi di Guerra*. Comune di Quistello, 2010, pagina senza numero.

Sulla partecipazione della Forza Aerea Brasiliana alla conquista di Monte Castello, il Generale Mascarenhas de Moraes osservò che gli

aerei della FAB rasero al suolo la resistenza tedesca di Mazzancana, in una coraggiosa partecipazione al combattimento terrestre e in un esempio indimenticabile di unione fra i soldati di spedizione di cielo e di terra[50].

Tra i 48 piloti del Gruppo di Caccia della Forza Aerea Brasiliana ci fu un totale di 22 perdite. La *Squadriglia di Collegamento e Osservazione* della Forza Aerea Brasiliana, che lavorò insieme all'artiglieria della Forza di Spedizione, fece niente meno che 682 missioni di guerra[51]. Il Gruppo di Caccia della Forza Aerea Brasiliana fece, nel teatro di guerra italiano, 445 missioni, con 2.546 uscite in volo. Il gruppo distrusse, nelle sue missioni, 1.304 autovetture motorizzate, 250 vagoni ferroviari, 8 carri armati, 25 ponti di strade delle ferrovie e delle autostrade e 31 depositi di carburante e munizioni. In un'analisi comparativa, il Gruppo di Caccia della Forza Aerea Brasiliana ebbe la miglior *performance* tra le forze alleate in questo teatro di operazioni militari di quell'epoca. Un risultato straordinario.

Per esempio, durante il periodo dal 6 al 29 aprile del 1945, il Gruppo di Caccia della Forza Aerea Brasiliana volò il 5% delle uscite fatte dal XXII Comando, ma fu responsabile per il 15% delle autovetture eliminate, 28% dei ponti, 36% dei depositi di carburante danneggiati e l'85% dei depositi di munizioni danneggiati[52]. In quel momento l'aviazione nazista aveva poca presenza nei cieli italiani, ma il fuoco antiaereo delle batterie tedesche fu molto più efficace.

In tutte le missioni, gli aerei di caccia brasiliani si trovarono di fronte a una forte resistenza della difesa antiaerea del nemico, situazione che si aggravò poiché gli attacchi furono perpetrati ad altezze

---

50 Mascarenhas de Moraes, J. B. *Op. Cit.*
51 *A Participação da Força Aérea Brasileira na II Guerra Mundial, Op. Cit.*, pag. 21.
52 *A Participação da Força Aérea Brasileira na II Guerra Mundial, Op. Cit.*, pag. 20.

molto basse. Gli aerei del Gruppo di Caccia furono colpiti una volta ogni 17 uscite, essendo il numero delle uscite quotidiane di circa 20. Infatti, le statistiche provarono che la percentuale di perdita nel tipo di missioni fatte dalla Forza Aerea Brasiliana, ossia attacchi di sorvolo ravvicinati con la mitragliatrice, fu molto più alto di quelle di scorta o intercettazione[53]. L'artiglieria antiaerea tedesca era composta da grandi cannoni di 88 mm, in grado di sparare orizzontalmente contro aerei che volavano a bassa quota[54].

Nel periodo che passò tra il giorno 11 novembre del 1944 e il 2 maggio 1945, quando il Gruppo di Caccia della Forza Aerea Brasiliana fece la sua missione finale nei combattimenti aerei in Italia, il Tenente Aviatore José Rabelo Meira de Vasconcelos ebbe niente meno che 93 missioni compiute in quel fronte[55]. Il numero di missioni fu così alto che a volte i tedeschi riuscivano, in 3 giorni circa, in media, a riparare i danni subìti agli obiettivi, e ciò esigette attacchi ricorrenti.

Durante la campagna in Italia, la Forza Aerea Brasiliana perse circa tre piloti al mese in diversi attacchi, incluso tra questi i piloti abbattuti, morti, scomparsi e catturati. La bravura dei membri del 1° Gruppo di Caccia della Forza Aerea Brasiliana, insieme allo straordinario sentimento di dovere compiuto, diede al gruppo l'insolito onore di una citazione presidenziale americana.

Nella proposta di citazione presidenziale, il comandante del 350° Gruppo di Caccia, il Colonnello Ariel Nielsen, della forza aerea degli Stati Uniti, spiegò così:

> Questo gruppo entrò in combattimento in un'epoca in cui vi era la massima opposizione antiaerea dei caccia bombardieri. Le loro perdite furono costanti e pesanti ed ebbero poche sostituzioni. Mentre divennero meno numerosi ognuno cominciò a volare di più,

---

53 Perdigão, Luiz Felipe. *Op. Cit.*, pag. 30.
54 Perdigão, Luiz Felipe. *Op. Cit.*, pag. 85.
55 Meira sarebbe poi diventato istruttore dei caccia della Base Aerea di Santa Cruz, nella città di Rio de Janeiro.

esponendosi al pericolo con maggior frequenza [...] Secondo me, i loro attacchi sulla regione di San Benedetto, il 22 aprile 1945, aiutarono a preparare la strada per la testa di ponte stabilita dagli Alleati, nella stessa regione. Con lo scopo di completare tutto questo, il 1° Gruppo di Caccia Brasiliano, nelle sue missioni, andò oltre a tutti gli altri Gruppi e subì grosse perdite[56].

Tra gli otto bravi aviatori della Forza Aerea Brasiliana, caduti in combattimento nel teatro di operazioni in Italia, c'era il Tenente Aviatore Rolando Rittmeister, brasiliano di origini tedesche[57]. D'altra parte, la prima perdita del Gruppo di Caccia, mentre erano in addestramento, ancora a Panama, fu quella del Sottotenente Aviatore Dante Isidoro Gastaldoni, brasiliano di origini italiane. Il Gruppo di Caccia della Forza Aerea Brasiliana tornò in Brasile due mesi dopo la fine della guerra.

A sua volta, il primo Tenente Aviatore, Aurélio Vieira Sampaio, morì a sud di Milano mentre attaccava le fortificazioni nemiche. Il fuoco dell'artiglieria antiaerea tedesca lo colpì mentre svolgeva la sua 16ª missione di guerra. Fu onorato con la Croce della Bravura della Forza Aerea Brasiliana e con l'Air Medal (Stati Uniti). Il primo Tenente Aviatore, Luiz Lopes Dornelles, fu colpito dall'artiglieria antiaerea quando svolgeva un attacco nella sua 89ª missione di guerra[58]. Due altri piloti brasiliani, Frederico Santos e Armando de Souza, morirono colpiti nel mese di aprile.

Altri piloti brasiliani furono abbattuti durante i combattimenti, però sopravvissero. Il primo Tenente Aviatore Josino Maia de Assis fu uno di loro, abbattuto mentre svolgeva la sua 41ª missione di guerra, a sud di Milano, nel mese di gennaio del 1945, cercò di scappare ma fu fatto prigioniero dai tedeschi, e fu successivamente trasferito a Norimberga e, più tardi, a Musbeg. Gli fu data

---

56 Disponibile in: www.tropasdeelite.xpg.com.br/FAB-16AVC.htm.
57 Mascarenhas de Moraes, J.B. *Op. Cit.*, pag. 270.
58 Morirono, inoltre, combattendo i tenenti aviatori John Richardson Cordeiro e Silva, Oldegard Olsen Sapucaia, Waldir Paulino Pequeno de Mello, José Maurício Campos de Medeiros e Frederico Gustavo dos Santos.

l'onorificenza della Croce di Sangue del Brasile, la Croce dell'Aviazione del Brasile, l'Air Medal degli Stati Uniti e il *Distinguished Flying Cross* del Regno Unito.

A sua volta, il Tenente Aviatore Ismael da Motta Paes, abbattuto nella sua 24ª missione di guerra, fu catturato "dopo il rifiuto degli abitanti di accoglierlo in casa[59]". Fu allora che, dopo alcuni interrogatori locali, fu portato in un campo di prigionieri a Francoforte e poi fu portato allo *STALAGLUFT 1*, dove rimase fino alla fine della guerra, perdendo 14 chili. Il Tenente Aviatore Roberto Brandini fu abbattuto dall'artiglieria antiaerea tedesca e, ferito alla testa da una scheggia di granata, fu catturato e operato come prigioniero. Nello stesso modo, il secondo Tenente Aviatore, Marcos Coelho de Magalhães, fu abbattuto ed, essendo saltato con il paracadute, si fratturò entrambe le caviglie e fu fatto prigioniero[60].

Il dittatore italiano, Benito Mussolini, fu arrestato dai partigiani italiani il 27 aprile 1945, mentre cercava di fuggire verso la Germania in un convoglio tedesco, portando con sé una grande quantità di oro e di sterline. Era vestito da soldato tedesco, indossando cappotto ed elmetto; fu fucilato il giorno successivo con una raffica di mitra, a Giulino di Mezzegra[61].

Il suo corpo, mutilato, fu esposto a Piazzale Loreto a Milano, insieme con quello della sua amante, Claretta Petacci, nello stesso posto in cui i tedeschi avevano fucilato 15 resistenti italiani lasciando esposti i lori corpi per 24 ore[62]. Il 29 aprile, nel suo diario, Benedetto Croce annotava:

> Annunzio la fine di Mussolini e dei suoi gerarchi. Mi è parsa affatto naturale. L'uomo era nullo, e la fine ha confermato questo giudizio. Bisognerebbe dimenticarlo, ma insieme sempre ricordare

---

59 Collezione Giorgio Breviglieri. *Op. Cit.*, pagina senza numero.
60 Perdigão, Luiz Felipe. *Op. Cit.*, pag. 106.
61 Hibbert, Cristopher. *Op. Cit.*, pag. 310 *et seq.*
62 Sturani Monti, Luiza. *Op. Cit.*, pag. 293.

che moltissimi o i più, in Italia e fuori, lo hanno creduto una grande forza geniale e benefica, e lo hanno plaudito e sostenuto per lunghi anni[63].

E così finì l'infelice avventura del fascismo, che tante disgrazie, disavventure e sofferenze portò al popolo italiano. Finì, allo stesso modo, l'azione della tanto artificiale quanto bizzarra Repubblica di Salò[64], il Governo fascista instaurato dai tedeschi nel settentrione del Paese che era da questi controllato, dopo la resa dell'Italia del 28 agosto 1943.

Verso la metà di aprile, le truppe dell'Armata Rossa, sotto il comando del Maresciallo Georgy Zhukov, colpirono Berlino[65], la capitale tedesca, una città la cui popolazione era di 4,5 milioni prima della guerra ed era diminuita in circa 3 milioni, dei quali 2 milioni erano donne e 120mila bambini. Le truppe sovietiche avevano 77 divisioni di fanteria sostenute da 3.155 carri armati e circa 15mila pezzi d'artiglieria.

In quel periodo le truppe alleate ancora non erano giunte sulla linea del fiume Po, a causa della tenace resistenza tedesca, al difficile terreno, alle operazioni e alle forti forze che includevano niente di meno che 25 divisioni proprie e 5 divisioni della Repubblica di Salò[66], un contingente di oltre 600mila combattenti!

Così, la vittoria finale e decisiva nel teatro delle operazioni in Italia fu causata dal successo delle truppe sovietiche in Germania, nel momento in cui collassarono le forze armate tedesche che ancora resistevano nel nord dell'Italia. In questo modo, molte delle città italiane come Genova, Milano e Torino, furono liberate dai partigiani e dalle squadre operaie che avevano assunto il controllo delle fabbriche, prima ancora dell'arrivo delle truppe alleate.

---

63 Croce, Benedetto, apud Del Boca, Angelo. *Op. Cit.*, pag. 287.
64 Piccola città sulle sponde occidentali del Lago di Garda.
65 Roberts, Geoffrey. *Stalin's General – The Life of Georgy Zhykov*. Icon Books, Londra, 2012, pag. 224 *et seq.*
66 Wayne Clark, Mark. *Op. Cit.*, pag. 451.

Parigi era stata liberata dalle forze francesi libere e dalle truppe americane il 19 agosto 1944. A loro volta, ancora nel 1944, furono liberate dalle truppe sovietiche Budapest, in Ungheria, Bucarest, in Romania, Belgrado, in Iugoslavia e Sofia, in Bulgaria. La Grecia, l'Ucraina e la Finlandia furono liberate nel 1944, le ultime due dalle truppe sovietiche[67]. A sua volta, nel teatro del Pacifico, Manila fu liberata dalle truppe americane comandate al Generale Douglas MacArthur il 3 marzo 1945. Singapore, tuttavia, cadde solo dopo la resa giapponese, nel settembre del 1945.

Il dittatore Adolf Hitler si suicidò nel suo *bunker* a Berlino il 1° maggio 1945[68]. Niente di meno che 625mila tedeschi, inclusi i 125mila civili, morirono nell'inutile Battaglia di Berlino. Nella stessa data del suicidio di Hitler, Joseph Stalin, il dittatore sovietico, annunciò al mondo la caduta di Berlino[69]. Le truppe tedesche si arresero alle forze alleate l'8 maggio 1945, a Berlino, finendo così la fase europea della Seconda Guerra Mondiale[70].

Il Generale Mark Clark, nella cessazione delle ostilità, inviò un messaggio al popolo italiano, che echeggia fino ad oggi per la saggezza delle sue parole e non dovrebbe mai più essere dimenticato:

> Uomini di molte nazioni hanno perso il sangue in Italia per colpa della libertà. Fate in modo che questo non sia stato fatto invano. La lotta è finita, ma la responsabilità più grande della cittadinanza continua nel bisogno della partecipazione di tutti alla resurrezione d'Italia e nel festeggiare con onore la libertà conquistata a un prezzo così caro[71].

A sua volta, in occasione della resa delle truppe tedesche e fasciste agli Alleati e della conseguente cessazione delle ostilità nella

---

67 Semiriaga, M.I. *Op. Cit.*, pag. 33 *et seq.*
68 Cornelius, Ryan. *The Last Battle*. Popular Library, USA, 1966, pag. 507.
69 Roberts, Geoffrey. *Op. Cit.*, pag. 230
70 Nel teatro asiatico, il Giappone si arrese senza condizioni il 2 settembre 1945, nella Baia di Tokyo.
71 Messaggio del Generale Mark Clark ai patrioti, 5 maggio, 1945.

penisola italiana, il Generale João Baptista Mascarenhas de Moraes stilò, il 3 maggio 1945, il suo ordine del giorno che sarebbe passato alla Storia, nel quale affermò con grande sensibilità:

> oggi, è quasi tutta l'umanità che s'inginocchia pentita, con lo spirito rianimato dalla speranza, con i cuori redivivi dalla fede e dal pensiero che si volta verso la ricostruzione del mondo e del bene della collettività... E, con fierezza, senza pavoneggiarsi, con fiducia e senza esagerazioni, torneremo nelle nostre case, nelle nostre caserme e posti di lavoro, per continuare nella sacra fatica di fare un Brasile forte e rispettato, in un mondo libero e felice[72].

Già il 1° luglio 1944, rappresentanti di 44 Paesi, incluso il Brasile, si riunirono a Bretton Woods, nello Stato del New Hampshire, negli Stati Uniti, per affrontare la ricostruzione mondiale del dopoguerra e un ordine giuridico internazionale che evitasse un nuovo conflitto globale per motivi di ordine economico. Fu così fondata la Banca Mondiale, per trattare la ricostruzione e il Fondo Monetario Internazionale con lo scopo di, "in breve, raggiungere e mantenere la stabilità nei tassi di cambio, facilitare la liberazione delle restrizioni del cambio e aprire la strada per la convertibilità delle monete[73]."

La scaletta dei lavori fu definita, i dibattiti furono direzionati e le conclusioni prese dai negoziatori americani e britannici. I partecipanti americani, che avevano come negoziatore principale Harry Dexter While, si preoccupavano, soprattutto, di garantire il libero commercio e il libero flusso delle valute. Gli inglesi, a loro volta, guidati da John Maynard Keynes, temendo il collasso della sterlina, volevano "evitare la guerra di valute, o, innanzitutto, la svalutazione competitiva delle monete che era avvenuta durante la Grande Depressione[74]".

---

72 Mascarenhas de Moraes, J. B. *Op Cit.*, pag. 220 *et seq.*
73 De Almeida, Paulo Roberto. *Op. Cit.*, pag. 124.
74 Campos, Roberto. *A Lanterna na Popa.* Topbooks, Rio de Janeiro, 1994, pag. 70.

La delegazione brasiliana fu guidata dal Ministro degli Interni del Governo Vargas, Dott. Arthur de Souza Costa, ma ebbe come negoziatori principali Eugênio Gudin e Octávio Gouveia de Bulhões, essi ebbero poco successo nei tentativi di introdurre il tema dell'agricoltura nelle Trattative di Bretton Woods, che si tennero poi a L'Havana, dove si trattarono temi attinenti al commercio internazionale.

Emblema della Forza di Spedizione Brasiliana.

La Campagna della Forza di Spedizione Brasiliana in Italia.

Generale Mascarenhas de Moraes, comandante della Forza di Spedizione Brasiliana.

Sergente Ruy de Noronha Goyos, del 6° Battaglione di Ingegneria della Forza di Spedizione Brasiliana.

Sergente Ruy de Noronha Goyos e compagni a Monte Castello.

Emblema del 1° Gruppo di Caccia della Forza Aerea Brasiliana.

Soldato della Forza di Spedizione Brasiliana Menasses de Aguiar Barros in addestramento prima dell'imbarco per l'Italia.

Primo Tenente dell'Artiglieria Rubens Resstel.

Capitano Plínio Pitaluga.

Epilogo

I volontari brasiliani che integrarono la Forza di Spedizione si resero immediatamente conto della dura contraddizione di lottare, nel teatro europeo di guerra, contro le dittature per la prevalenza dei valori democratici, mentre il regime politico in Patria era molto simile a quello dei nemici del Brasile. Nel 1944, Getúlio Vargas ricevette, da parte del suo sistema di informazione, la notizia di critiche tra gli ufficiali brasiliani in Italia sul *deficit* democratico in Patria[1].

Tra i difetti di Getúlio Vargas non c'era certamente la mancanza di un senso politico tanto acuto quanto sensibile. Conoscitore dei desideri democratici del popolo brasiliano e della ripercussione di questi sentimenti sulla Forza Armata del Brasile, tradizionalmente molto vicina ai valori nazionali espressi dai settori popolari, Getúlio aveva accennato alla democratizzazione del Paese.

Infatti, il 10 novembre del 1943, già dichiarò, in occasione della celebrazione del 6° anniversario del colpo di Stato del 1937, che

> in un ambiente di pace e ordine, con le garanzie massime alla libertà d'opinione, risistemeremo la struttura politica della nazione, faremo

---

[1] Skidmore, Thomas E. *Op. Cit.*, pag. 82.

in modo ampio e sicuro le necessarie consultazioni del popolo brasiliano[2].

Sei mesi dopo, il 15 aprile 1944, riconfermò la promessa.

Ciò nonostante, Getúlio Vargas, a suo agio con lo Stato Nuovo, cercò di procrastinare al massimo la liberalizzazione dell'ordine politico brasiliano, pur sapendo che, quando furono inviate le truppe brasiliane in Italia, la sorte del conflitto era tracciata e che la sua conclusione sarebbe stata soltanto una questione di tempo. Questa procrastinazione avvenne nonostante la posizione, espressa da Oswaldo Aranha, di consigliare la realizzazione delle elezioni generali nel più breve termine possibile[3].

Nel momento dell'uscita di Oswaldo Aranha dal Governo, Sobral Pinto, lo incitò senza successo a criticarlo, come non aveva mai fatto prima, per riscattarsi dagli errori del passato, perché il regime aveva confuso il Diritto con la legge, aveva soggiogato i diritti individuali a favore della sola volontà sovrana dei governanti, aveva soppresso completamente la dignità dell'essere umano; e si arrogava abusivamente la facoltà di pensare, di parlare e di agire in nome di tutti[4]. "In gennaio e febbraio del 1945, entrando la guerra in Europa nella sua ultima fase, la struttura dello Stato Nuovo improvvisamente crollò[5]".

Il 18 aprile dello stesso anno, Getúlio Vargas decretò un'amnistia generale e liberò tutti i prigionieri politici, incluso Luiz Carlos Prestes e i suoi compagni del Partito Comunista, che passò a esistere nella legalità.

I principali capi militari, Eurico Dutra e Góis Monteiro, elementi reazionari con un passato di stretta affinità, ammirazione e cooperazione con il fascismo europeo, si presentarono come democratici ed esigerono la realizzazione di elezioni presidenziali libere, stabilite

---

2 *Apud* Skidmore, Thomas E. *Op. Cit.*, pag. 82.
3 Hilton, Stanley. *Op. Cit*, pag. 389.
4 Dulles, J. W. F. *Op. Cit.*, pag. 292.
5 Bourne, Richard. *Op. Cit.*, pag. 167.

per il 2 dicembre 1945. Le elezioni per i governi e le legislature statali vennero indette il 6 maggio dello stesso anno.

Ciò nonostante, il 29 ottobre 1945, un colpo di stato militare fece cadere il Governo dello Stato Nuovo, dopo che Getúlio Vargas si era ritirato nella sua fattoria a São Borja, nel Rio Grande do Sul. Secondo Basbaum, Góis e Dutra si cercò di impedire una deviazione a sinistra da parte di Getúlio, il quale aveva inoltre ristabilito i rapporti con l'Unione Sovietica[6].

Il nuovo Presidente, José Linhares, Ministro del Supremo Tribunale Federale (STF), che assunse provvisoriamente l'incarico dopo il colpo, evidentemente senza avere un incarico pubblico, mantenne le elezioni nelle date già fissate, a seguito delle quali il Generale Eurico Gaspar Dutra fu eletto Presidente e convocò un'Assemblea Nazionale Costituente. La nuova Costituzione Brasiliana fu emanata il 18 settembre 1946.

Dutra e Góis Monteiro, quest'ultimo Ministro dell'Esercito del primo, si mostrarono contrari alla permanenza delle truppe brasiliane in Europa, come forza di occupazione, preoccupati degli effetti dell'esposizione dei contingenti nazionali alle nuove idee democratiche che certamente sarebbero emerse nel dopoguerra, nonostante l'incoraggiamento ricevuto da parte degli Stati Uniti.

Fu una decisione provinciale, minore, all'altezza, cioè, del carattere di questi *leader*, il che indebolì gravemente la posizione di influenza del Brasile nella ricostruzione di un nuovo ordine internazionale. Nel 1947, il Presidente Eurico Gaspar Dutra ruppe i rapporti diplomatici con l'URSS, prendendo posizione a fianco degli Stati Uniti nella cosiddetta Guerra Fredda.

Nei mesi di luglio e agosto del 1945, le truppe degli eroi della Forza di Spedizione Brasiliana tornarono in Brasile, su mezzi brasiliani, incluso il *Pedro I*, il *Pedro II* e il *Duque de Caxias*[7]. In quell'occasione, dinanzi alle manifestazioni di gioia per il ritorno dei

---

6 Basbaum, Leôncio. *Op. Cit.*, pag. 132 *et seq.*
7 Mascarenhas de Moraes, J. B. *Op. Cit.*, pagg. 256 e 257.

soldati della Forza di Spedizione dal teatro delle operazioni in Italia, il Generale Clark commentò che

> il popolo brasiliano aveva il diritto di sentirsi fiero della *performance* e del sacrificio del suo bellissimo corpo di spedizione, che il generale Mascarenhas de Moraes aveva condotto con tanta abilità e intelligenza[8].

In quel momento che segnò la storia, così come osserva Boris Fausto,

> Dutra e Góis tentarono di smobilitare rapidamente i soldati della Forza di Spedizione; fu proibito rilasciare dichiarazioni pubbliche e persino andare per strada in divisa, con le medaglie e le onorificenze. Nella vita civile, le associazioni degli *ex*-combattenti lottarono per i propri diritti, ma molti ebbero difficoltà a trovare un lavoro e soffrirono delle conseguenze traumatiche della guerra, spesso associate a disturbi mentali ed alcolismo.

Come risultato immediato della guerra, emerse un nuovo ordine giuridico internazionale. Nell'aprile del 1945, alla fine del conflitto, i rappresentanti di 50 Paesi, Brasile incluso, si riunirono nella Conferenza delle Nazioni Unite sull'Organizzazione Internazionale, nella città di San Francisco, in California, negli Stati Uniti, per deliberare sulla Carta delle Nazioni Unite, che fu firmata il 26 giugno del 1945. L'ONU, con sede a New York, negli Stati Uniti, prese vita formalmente il 24 ottobre 1945[9].

La Carta delle Nazioni Unite è il trattato internazionale di più alta gerarchia e offre un meccanismo per lo sviluppo del diritto internazionale. I propositi dell'ONU sono: il mantenimento della pace e della sicurezza internazionale; lo sviluppo di rapporti amichevoli tra

---

8 Wayne Clark, Mark. *Op. Cit.*, pag. 457.
9 Durval de Noronha Goyos Jr. *O Novo Direito Internacional Público e o Embate contra a Tirania*. Observador Legal, São Paulo, 2005, pag. 31.

gli Stati in base all'uguaglianza e l'autodeterminazione dei popoli; la cooperazione internazionale e il coordinamento di azioni comuni[10].

Il potere dell'ONU è effettivamente concentrato nel Consiglio di Sicurezza, che si compone di 15 membri, dei quali 5 (Cina, Russia, Francia, Regno Unito e Stati Uniti d'America) sono permanenti[11]. Durante le trattative di Yalta, tra il 4 e il 18 febbraio del 1945, Roosevelt propose il nome del Brasile come membro permanente del Consiglio di Sicurezza[12], ma Joseph Stalin pose il veto, poiché considerava lo Stato brasiliano cliente degli Stati Uniti.

Diverse altre agenzie specializzate dell'ONU furono create, inclusi la Banca Mondiale, il Fondo Monetario Internazionale (FMI, l'UNICEF, l'Accordo Generale sulle Tariffe e il Commercio (GATT) e, ad oggi, anche l'Organizzazione Mondiale del Commercio (OMC). Gradualmente venne istituito un ordine giuridico internazionale che, seppur imperfetto, rappresentava già un considerevole progresso dinanzi all'anomia prima esistente. Ancora più importante, fu l'accordo di un sistema di base per lo sviluppo del diritto internazionale a breve, medio e lungo termine.

Il regime giuridico internazionale, creato dal 1945, contribuì concretamente affinché alla cosiddetta Guerra Fredda, risultante dalla divisione del mondo in due blocchi con punti di vista piuttosto diversi, uno guidato dagli Stati Uniti e l'altro dall'Unione Sovietica, non si evolvesse verso una Terza Guerra Mondiale. Allo stesso modo, l'ONU contribuì al processo di decolonizzazione che seguì e anche ad una presa di coscienza umanitaria internazionale, grata per tale azione decisiva.

Questo importante processo di decolonizzazione fu portato avanti nonostante l'opposizione di Winston Churchill, ostinato e apertamente imperialista, che dichiarò pubblicamente di non esser stato scelto come Primo Ministro per presiedere lo smantellamento dell'Impero britannico. L'Impero britannico era arrivato a

---
10 Durval de Noronha Goyos Jr. *Op. Cit.*, pag. 33.
11 Durval de Noronha Goyos Jr. *Op. Cit.*, pag. 37.
12 Plokhy, S. M. *YALTA – The price of peace*. Penguin Books, Londra, 2010, pag. 120.

controllare il 25% dell'umanità. Come risultato di questo processo, Paesi come l'India, indipendente dal 1947, si liberarono dalla miseria e dall'oppressione del regime coloniale.

La partecipazione del Brasile alla Seconda Guerra Mondiale, oltre al contributo militare in sé e al rifornimento e trasporto marittimo delle cosiddette merci strategiche, instillò i sentimenti democratici e i valori umanitari nel popolo brasiliano insieme con quelli degli Alleati che lottarono per un mondo fondato su un ordine giuridico sovranazionale basato sul rispetto dei diritti umani.

È logico pensare che la coscienza popolare brasiliana desiderasse lo stesso per il proprio Paese, nel suo ordinamento interno. Tuttavia, il Brasile avrebbe dovuto ancora soffrire per alcuni decenni di una certa turbolenza politica e di grandi sfide, prima che le nostre istituzioni si perfezionassero e potessero camminare verso una solida democrazia.

D'altro canto è innegabile che lo Stato brasiliano, la sua unità territoriale così come il regime federalista nazionale, uscirono più forti dal conflitto mondiale, per le esperienze dialettiche vissute fin dalla Rivoluzione degli anni '30. Dal punto di vista dell'impianto di un'industria di base del Brasile, la politica decisiva del Governo Vargas, grazie anche alla cooperazione ricevuta dagli Stati Uniti come elemento di contrattazione con il Paese, diede un risultato molto positivo.

A seguito del divieto di parlare lingue straniere, in Brasile si rafforzò l'uso della lingua portoghese nei vasti contingenti d'immigranti già presenti nel Paese; nonostante le pressioni ricevute da parte degli Stati Uniti, e a cui Getúlio Vargas si oppose, questi non furono mai confinati nei campi di concentramento come cittadini nemici. I discendenti degli immigranti furono meglio integrati nel flusso principale della cultura brasiliana, mescolandosi e arricchendo la cultura in tutti i suoi aspetti, incluso quelli di tolleranza, una virtù umana fondamentale.

Perspicace, il grande scrittore austriaco, Stefan Zweig, esiliato in Brasile a causa della persecuzione razziale nazista, già nel 1942 osservò che così come prima le guerre napoleoniche creavano indirettamente l'indipendenza politica, così la guerra di Hitler ha creato l'industria in Brasile e, così, come riuscì a preservare la sua indipendenza politica, questo Paese saprà preservare quella economica nei prossimi secoli[13].

Allo stesso modo l'integrazione linguistica del Paese, promossa dai mezzi di comunicazione dagli anni '50, accelerò il positivo processo di un multiculturalismo integrato, promuovendo la tolleranza, qualcosa che segnò la cultura nazionale. La chiusura delle scuole straniere obbligò lo Stato brasiliano a riempire quel vuoto, e ciò fu fatto con crescente successo negli anni.

Dopo la fine del conflitto militare, riprese, in modo generale, l'immigrazione straniera verso il Brasile, inclusa quella italiana, che continua fino ai nostri giorni, "pur non avendo più le grandi dimensioni dell'immigrazione che segnò la fine del XIX secolo[14]".

Negli anni successivi, a partire dal 1986, a seguito della ridemocratizzazione del Brasile, la contraddizione principale del Paese non fu più lo sforzo per l'istituzione di un regime democratico, a sostegno della promozione della crescita economica e dello sviluppo sociale, segnati dalla resistenza a un imperialismo economico degli Stati Uniti, a livello nazionale, e per l'opposizione all'esercizio arbitrario delle proprie ragioni nelle relazioni internazionali da parte di quel Paese.

Così come osservò con molta perspicacia il grande intellettuale austriaco Stefan Zweig, "a tutte le energie del Brasile, non usate e sconosciute, se ne unì una nuova negli ultimi anni: la coscienza del proprio valore come nazione[15]".

A sua volta, l'Italia uscì dall'esperienza fascista e dalla guerra con circa 500mila combattenti e 250mila civili caduti, con l'economia

---

13 Zweig, Stefan. *Brasil – um país do futuro*. L&PM Pocket, Porto Alegre, 2008, pag. 117.
14 Ambasciata d'Italia. *Presenza Italiana in Brasile – Cenni sulle collettività*. Op. Cit., pag. 28.
15 Zweig, Stefan. *Op. Cit.*, pag. 123.

distrutta, con un territorio ridotto, senza il Venezia Giulia, con una popolazione ridotta alla miseria, senza l'impero fascista[16], ma con la speranza che sarebbe iniziata un'epoca di libertà, giustizia e benessere sociale.

Tutto il popolo italiano s'impegnò nella ricostruzione economica del Paese: ci vollero non meno di 10 anni e fu considerato un vero e proprio miracolo, per la natura di questa sfida. Queste trasformazioni non occorsero senza conflitti sociali né senza crisi nel regime democratico che si instaurò nel Paese dopo il 1946[17], nel quale le entità che parteciparono alla resistenza antifascista ebbero una parte importante e riconosciuta.

La ricostruzione politica del Paese continua fino ai giorni nostri, faticosamente, nello stesso modo in cui continua la lotta contro la criminalità organizzata. Lotta che, disgraziatamente, subì una battuta d'arresto nel dopoguerra a seguito dell'alleanza costruita tra gli Stati Uniti e la Mafia, avente l'obiettivo di ottenere un sostegno logistico e d'intelligenza[18] per supportare l'invasione degli Alleati nel 1943. Come risultato, membri dell'Onorata Società furono nominati, dagli americani, sindaci in Sicilia per, con il tempo, essere trasferiti ad incarichi di maggior responsabilità nazionale, a Roma.

La Germania uscì dalla Seconda Guerra Mondiale non soltanto distrutta, ma con un territorio ridotto di un quarto e anche con la "divisione in due Stati rivali e antagonisti[19]". La sua enorme popolazione soffriva fame e freddo, era carente di servizi pubblici di base, e viveva all'aperto tra le tristi rovine delle sue città. Oltre 7 milioni di civili erano senza tetto. Il 23 maggio 1949, fu fondata la *Repubblica Federale Tedesca*, unificando le tre zone occupate dalle potenze occidentali.

---

16 Petacco, Arrigo. *La nostra guerra – 1940-1945.* Mondadori, Milano, 1995, pagg. 296-297.
17 Magni, Laura. *La Storia d'Italia.* AMZ Editrice, Milano, 1989, pag. 250.
18 Nella cosiddetta *Operation Underworld*, fatta dall'intelligence navale americana, che recrutò nomi mafiosi come Lucky Luciano e Joseph Lanza.
19 Moniz Bandeira, L.A. *O milagre alemão e o desenvolvimento do Brasil 1949-2011.* Editora Unesp, São Paulo, 2011, pag. 88.

La zona orientale, controllata dall'URSS, fu organizzata e denominata *Repubblica Democratica Tedesca*, fondata il 7 ottobre del 1949[20]. I due Stati furono riunificati soltanto il 3 ottobre del 1990 quando, a seguito del Trattato di Unificazione,

> la Repubblica Federale Tedesca sovrana incorporò, non la Repubblica Democratica Tedesca, che si era disciolta, ma i cinque antichi *Länder* [...] sui quali essa si era costituita[21].

Già nel 1950, Brasile e Germania firmarono il primo trattato commerciale del dopoguerra. Da questa data in poi, le aziende tedesche ripresero i tradizionali investimenti in Brasile. Fino alla fine del 1957, si stabilirono in Brasile oltre 130 imprese, tra le quali la *Volkswagen* del Brasile, la *Mercedes Benz* del Brasile, la *MWM*, la *Degussa*, la *Ferrostall*[22]. La città di San Paolo divenne il più grande ricettacolo di investimenti tedeschi al mondo. Il movimento di immigrazione tedesca continuò, seppur in scala minore.

Così come la Germania e l'Italia, il Giappone uscì ugualmente rovinato dalla Seconda Guerra Mondiale e ancora di più distrutto e contaminato dallo sgancio non necessario, da parte degli Stati Uniti, di due bombe atomiche su due dei suoi più grandi centri urbani: Hiroshima e Nagasaki. Circa 600mila civili giapponesi morirono come risultato dei bombardamenti aerei convenzionali e nucleari. Circa 5 milioni di civili rimasero senza tetto.

Il Giappone ricostruì, con la sua solita disciplina ed enorme sforzo nazionale, la sua economia che, velocemente, diventò una delle più forti al mondo. Fu approvata una Costituzione e instaurata, allora, una democrazia parlamentare, preservando la tradizionale Monarchia.

In seguito, molti brasiliani di origini giapponesi furono accolti come lavoratori nel Paese d'origine dei loro avi, senza abbandonare il

---

20 Moniz Bandeira, L.A. *Op. Cit.*, pag. 85 et seq.
21 Moniz Bandeira, L.A. *Op. Cit.*, pag. 204.
22 A História Alemã do Brasil. *Op. Cit.*, pag. 120.

domicilio in Brasile; questo intensificò lo scambio umano, culturale, economico e linguistico tra i due Paesi. Diversi governi democratici giapponesi del dopoguerra sostennero il Brasile, e soprattutto lo Stato di San Paolo, e la sua capitale, con finanziamenti per migliorare l'infrastruttura nazionale. Molte aziende giapponesi si stabilirono in Brasile, in particolare proprio nello Stato di San Paolo.

Nel dopoguerra, le relazioni economiche, sociali, politiche e culturali tra il Brasile, la Germania, l'Italia e il Giappone si svilupparono in modo ammirevole, con un'intensa cooperazione a tutti i livelli. I nostri Paesi oggi, insieme, difendono gli stessi valori umanistici promuovendoli sia a livello internazionale che nazionale e nei diversi fori mondiali.

Per molti versi questo è il risultato dello sforzo di uomini e donne di cui la Forza di Spedizione Brasiliana era composta, così come è risultato anche dello straordinario impegno ed enorme sacrificio del popolo brasiliano che, si sa, viene affrontato in modo molto spontaneo partendo da un paese libero, indipendente, sovrano, in via di sviluppo, che credette e ancora crede nelle idee di quell'epoca.

In questo modo, il resoconto delle circostanze della campagna della Forza di Spedizione Brasiliana per la liberazione d'Italia e la sconfitta delle forze dell'Asse costituì un capitolo della Storia che non deve e non può essere dimenticato, per tutto ciò che rappresenta per la coscienza nazionale, per la comunità delle nazioni, per i suoi rispettivi popoli, per le buone relazioni bilaterali tra il Brasile e l'Italia, così come per la definizione e preservazione dei migliori valori umanitari.

Emblema dell'ONU.

Postfazione

Dott. Walter Sorrentino

La libertà è irreprimibile

Vi sono riflessioni che si fondano a metà tra le cose preziose e quelle necessarie. Questo piccolo libro del Dott. Durval Noronha Goyos Jr. è una di quelle cose. Conciso e colto, mette in evidenza fatti salienti concernenti la nazionalità e il ruolo del Brasile nel mondo. Riscatta meritati onori nei confronti di alcuni combattenti della Forza di Spedizione Brasiliana e dei servizi prestati in favore della causa democratica nazionale ed internazionale in quei terribili anni della Seconda Guerra Mondiale, il più grande conflitto del XX secolo.

Le nazioni non vivono permanentemente in uno stato di passione o rivoluzione. Al contrario, ad eccezione dell'evoluzione normale e contraddittoria, la maggior parte delle volte le nazioni non hanno neanche l'opportunità di grandi salti di civilizzazione; a volte retrocedono demoralizzate, come si potrebbe forse intuire dalla fine dell'URSS negli anni '90 e da alcuni Paesi europei ai giorni nostri.

È necessario dirlo perché il Brasile ha vissuto negli episodi sopra raccontati momenti avvincenti, quando si aprirono prospettive per una nazione più autonoma, con diritti sociali e libertà. In modo profondamente contraddittorio, l'Era Vargas, iniziata nel 1930 con la Rivoluzione Liberale, aprì un percorso storico, lungo quasi

50 anni, che portò il Paese alla modernità e in cui si sostituì, alternando momenti di democrazia e dittatura, alla apparente minaccia comunista. Quelli che, sì, si demoralizzarono (e demoralizzarono la nazione) furono quelli che proclamarono l'intenzione di sotterrare l'Era Vargas e produssero, negli anni '90, sotto la presidenza di Fernando Henrique Cardoso, una retrocessione nazionale.

Gli anni dal 1939 al 1945, quelli della grande Guerra Fredda, furono incubati nella crisi capitalista del 1929, la seconda grave crisi e la più grande, paragonabile solo a quella attualmente in atto nel mondo. Si cercò di dividere il mondo tra sfere imperialiste d'influenza. C'era posto per il fascismo e per il nazismo, trattati così bene in questo libro. Fu l'epoca dei confronti politici, ideologici e militari, forse (si spera) irripetibili nella sua radicalità.

Si opponeva questo profondo desiderio libertario, sia nel mondo che in Brasile, sotto il comando dittatoriale dello Stato Nuovo. In Europa assunse la forma di un potente movimento politico sociale, la resistenza armata dei partigiani in Italia, le forze repubblicane internazionaliste della guerra civile spagnola e anche, la resistenza francese. Vi erano riserve strategiche dell'URSS, il cui ruolo fu decisivo per la Grande Guerra Patriottica, scrivendo le pagine più memorabili della storia militare con la vittoria sulla presa di Stalingrado che decise le sorti della Seconda Guerra Mondiale.

Allo stesso modo qui in Brasile, è occorso un movimento di massa, che chiedeva la fine della dittatura e la liberazione nazionale. Si è trattato, mi ripeto, di uno di questi momenti di passione, a rischio della propria vita, quando i destini della collettività si uniscono e si impongono su quelli individuali.

Una delle bandiere era giustamente l'intervento brasiliano in sostegno alle forze alleate. Vi era lì un calcolo strategico: la vittoria di tali forze avrebbe aperto il Paese alla democrazia, come difatti accadde nel 1945. Ciò non sfuggì alla visione strategica di Vargas, uno dei più grandi statisti brasiliani, al fianco di José Bonifácio e altri come il Barão do Rio Branco. Scaltro, fece una manovra; prima con l'Asse, poi con gli Alleati, attraverso i nordamericani. Non a caso, Roosevelt, durante la visita al Paese, citata nel libro, affermò che il *New Deal* (che aveva tolto gli Stati Uniti dalla crisi) aveva un primo padre: Getúlio Vargas. Egli riuscì, così, ad avere risultati per l'industrializzazione brasiliana, formando la base per la modernizzazione del Paese.

Da qui l'importanza della Forza di Spedizione Brasiliana nella lotta al fianco degli Alleati, a servizio della libertà in Italia. Ciò ha determinato un segno ricorrente dei momenti decisivi della brasilianità e della nazione: unire ampiamente il popolo, nelle sue diverse tendenze, fino all'insospettata unità in termini "normali". L'altro aspetto che emerge della nostra brasilianità: il segno integrazionista che caratterizza il nostro popolo. La Forza di Spedizione Brasiliana fu costituita in grande parte dai discendenti stessi degli italiani, tedeschi e giapponesi – Paesi appartenenti all'Asse nazi-fascista – che, in grande parte, componevano la demografia brasiliana, soprattutto a San Paolo e nel sud del Paese. Non esiste una prova più grande di questa per descrivere il desiderio democratico e umanitario che ci segna come popolo. Lo stesso Vargas ci teneva, come si cita nel libro, che la Forza di Spedizione Brasiliana esprimesse il contingente della nazionalità, con arruolati di ben 21 Stati.

La potente forza di questa unione di popolo, in questo caso raggiunta anche tra i lavoratori e i settori delle forze armate, contro ciò che si sarebbe rivelato poi lo spirito proto-fascista del Generale che seguì Vargas, disunendolo poi in nome della Guerra Fredda, come se il popolo fosse una specie di nemico interno, ancora più pericoloso delle minacce esterne vissute da una giovane nazione che desiderava svilupparsi e occupare il suo spazio nel mondo. Si sa che succede quando prevale questo tipo di ideologia che la nazione paga un prezzo. Non vi è nazione senza popolo, non vi è popolo che voglia difendere una nazione senza democrazia.

La lezione fu ampiamente imparata nei giorni descritti in questo libro del Dott. Durval Noronha. E vale tutt'oggi, quando il Brasile si trova dinanzi nuove opportunità per la sua affermazione nazionale, democratica e popolare, e l'Italia lotta contro una tremenda crisi, che ha portato la demoralizzazione della politica proprio a causa delle politiche antinazionaliste e antipopolari.

Spero che questo libro promuova la mutua conoscenza tra italiani e brasiliani – qualcosa che non è mai venuto meno, soprattutto negli aspetti del ruolo della Forza di Spedizione Brasiliana nella liberazione dell'Italia dal giogo fascista. Io le rendo, giacché queste mobilizzazioni hanno avuto il forte contributo dei comunisti; le rendo agli italiani e ai brasiliani di due patrie come coloro che le combatterono qui e le sostennero là, come il grande esempio di Giuseppe Garibaldi e Anita Garibaldi. Rendo omaggio a tutti quelli che abbracciano la causa della libertà e degli interessi strategici di una nazione, come lo fa il Dott. Durval al giorno d'oggi.

Anche perché, in termini storici, l'epoca caratterizzata qui non è ancora finita: è l'epoca della libertà e dell'umanesimo, l'epoca della giustizia e del progresso sociale, l'epoca dell'autodeterminazione dei popoli e delle nazioni contro l'imperialismo di qualunque colore e di qualunque tipologia. Questi desideri sono invincibili. E sono illuminati da persone come l'amico che firma questo libro.

Walter Sorrentino è medico e dirigente nazionale del Partito Comunista del Brasile.

BIBLIOGRAFIA

AGAMBEN, Giorgio. *Carl Schmitt – Un giurista davanti a sé stesso*. Vicenza: Neri Pozza editore, 2005.

ALMEIDA, Paulo Roberto. *Relações Internacionais e Política Externa do Brasil*. Porto Alegre: Editora da Universidade Federal do Rio Grande do Sul, 1998, pag. 122 et seq.

AMADO, Jorge. *O cavaleiro da esperança*. Rio de Janeiro: Record, 1987.

AMBASCIATA D'ITALIA. *Presenza Italiana in Brasile – Cenni sulle collettività*. Italia: Istituto Italiano Di Cultura, 1999, pag. 28.

AVAGLIANO, Mario; PALMIERI, Marco. *Di Pura Razza Italiana*. Milano: Baldini Castoldi, 2013, pagg. 71 e 188.

BANDEIRA, L.A. Moniz. *O milagre alemão e o desenvolvimento do Brasil 1949-2011*. São Paulo: Editora UNESP, 2011, pagg. 85 e 88.

_____. *A reunificação da Alemanha*. São Paulo: Editora Unesp, 2009, pag. 204.

BARROS, Alberto da Rocha. *Que é o Facismo*. Rio de Janeiro: Gráfica Editora Laemmert AS, 1969.

BASBAUM, Leôncio. *História sincera da República*. Vol.III. São Paulo: Editora Alfa-Omega, 1976, pagg. 14, 19, 20, 105 e 132.

BEEVOR, Antony. *Stalingrad*. London: Viking, 1998.

BOCCA, Giorgio. *Storia d'Italia nella Guerra Fascista*. Milano: Arnaldo Mondatori Editore, 1996, pagg. 67 e 68.

BOSWORTH, R.J.B. *Mussolini's Italy – Life under the Dictatorship*. London: Penguin Books, 2005, pagg. 367.

BOURNE, V. Richard. *Getúlio Vargas – A Esfinge dos Pampas.* São Paulo: Geração Editorial, 2012, pagg. 61, 100, 161 e 167.
BREVIGLIERI, Giorgio. *Quistello 1940-1945 un paese in guerra.* Quistello: Tipografia Ceschi, 2010.
BURNS, E. Bradford. *A History of Brazil*, 3rd edition. New York: Columbia University Press, 1993, pag. 356.
CAFFERY, Jefferson to Cordell Hull. Rio, April 22, 1939. 832.00/1255, RG59. National Archives, Washington, EUA.
CAMPBELL, Keith. *Brazil in the Second World War.* Pretoria, South Africa: Unisa Centre for Latin American Studies, 1992, pagg.5, 6, 7, 8, 15, 23 e 25.
CAMPOS, Roberto. *A Lanterna na Popa.* Rio de Janeiro: Topbooks, 1994. p.70.
CÂMARA BRASIL – ALEMANHA. *A História Alemã do Brasil.* São Paulo, 2001, pagg.14 e 120.
CERVO, Amado Luiz. *As relações históricas entre o Brasil e a Itália.* Brasília: Editora UnB, 1991, pagg. 11, 15, 61, 139, 149 e 167.
CLARK, Mark Wayne. *MARK CLARK il comandante della V armata.* Associazione Culturare Sarasota, pagg. 443, 451 e 457.
CLARK, V. Alan. *Barbarossa – The Russian-German Conflict 1941-45.* London: Weidenfeld & Nicolson, 1995.
DEL BOCA, Angelo. *Italiani, Brava Gente?* Vicenza: Neri Pozza Editore, 2005, pagg. 184,185, 201, 270, 271 e 287.
DE GOBINEAU, Arthur. *Essai sur L'inegalité des races humaines.* Paris: Éditions Pierre Belfond, 1967.
DE MORAES, J.B. Mascarenhas. *A FEB pelo seu comandante.* Rio de Janeiro: Biblioteca do Exército Editora, 2005, pagg. 26, 27, 32, 220, 256, 257 e 260.
DEUTSCHER, Isaaac. *Trotski – O Profeta Banido.* Rio de Janeiro: Editora Civilização Brasileira, 1968, pag. 161.
DULLES, John W. F. *Sobral Pinto – A consciência do Brasil*, Rio de Janeiro: Editora Nova Fronteira, 2001, pagg. 219, 311.
FARRELL, Nicholas. *Mussolini – A new life.* London: Weidenfeld & Nicolson, 2003.
FAUSTO, Boris. *Fazer a América.* São Paulo: Edusp, 1999, pagg. 295, 306, 307 e 308.
_____. *Getúlio Vargas.* São Paulo: Companhia das Letras, 2006, pagg. 8, 82 e 105.
FERRAZ, Francisco César. *Os Brasileiros e a Segunda Guerra Mundial.* Rio de Janeiro: Jorge Zahar Editor, pagg. 39 e 40.
GALEOTTI, Carlo. *Saluto al Duce.* Roma: Gremese Editore, 2001. Traduzione in portoghese dell'autore, pag. 21.
GOEBBELS, Joseph. *Diario 1938.* Milano: Arnoldo Mondadori Editore, 1993, pag.144.

GOEBBELS, Joseph. Diário 1942-1943. Rio de Janeiro: Editora A Noite, 1994, pagg. 95 e 141.

GOLDHAGEN, D.J. *H. Goering*. London, 1996, pag. 457.

GOYOS JÚNIOR. Durval de Noronha. *O novo direito internacional público e o embate contra a tirania*. São Paulo: Observador Legal, 2005, pagg. 31, 33 e 37.

_____. *A OMC e os Tratados da Rodada Uruguai*. São Paulo: Observador Legal Editora, 1995, pag. 11 et seq.

GRAMSCI, Antonio. *Il materialismo storico e La filosofia di Benedetto Croce*. Torino: Einaudi, 1948, pag. 179.

_____. *Ordine Nuovo* – 1 marzo, 1924. Apud Luciano Canfora, *Gramsci in Carcere e il Fascismo*. Roma: Saleno Editrici, 2012.

HASTINGS, Max. *All hell let loose – The world at war 1939-1945*. London: HarperPress, 2011, pag. 111.

HIBBERT, Christopher. *Mussolini, the rise and fall of il Duce*. New York: Palgrave Macmillan, 2008, pagg. 47 e 310.

HILTON, Stanley. *Oswaldo Aranha – Uma Biografia*. Rio de Janeiro: Editora Objetiva Ltda., 1994, pag. 389.

HITLER, Adolf. *Minha Luta*. São Paulo: Centauro Editora, 2005, pagg. 9, 210, 293 e 473.

HOBSBAWN, Eric. *How to Change the World – Tales of Marx and Marxism*. London: Abacus, 2012, pag. 268.

INCAER, Instituto Histórico-Cultural da Aeronáutica. *A participação da Força Aérea Brasileira na II Guerra Mundial*. http://www.incaer.aer.mil.br.

INNOCENTI, Marco. *Ciano – Il fascista che sfidò Hitler*. Milano: Ugo Mursia Editore, 2013, pag. 99.

KERSHAW, Ian. *Hitler 1889-1936: Hubris*. London: The Penguin Press, 1998, pagg. 253, 331 e 483.

KEYNES, J.M. *As Consequências Econômicas da Paz*. São Paulo: Universidade de Brasília, 2002, pagg. 99 e 158.

LEGE, Klaus-Wilhelm. *A história alemã do Brasil*. São Paulo: Câmara Brasil-Alemanha, 2001, pagg. 114 e 120.

LÉNINE. *Cahiers sur la dialectique de Hegel*. 9.ed. France: Gallimard, 1967.

LIMA, Ruy Moreira. *Senta a Pua!* 2.ed. Belo Horizonte: Itatiaia Ltda, 1989, pag. 40.

MAGNI, Laura. *La Storia d'Italia*. Milano: AMZ Editrice, 1989, pag. 250.

MAKIN, W.J. *War over Ethiopia*. London: Jarrolds Publishers, 1935, pag. 229.

MARRONE, Andrea. *La Disfatta Del Terzo Reich – La Battaglia di Stalingrado*. Roma: Newton Compton Editori, 2012.

MAZOWER, V. Mark. *Hitler's Empire*. London: Penguin Books, 2008.

MCCANN, Frank D. *Brazil and World War II: The Forgotten Ally.* The University of New Hampshire. http://www.tau.ac.il.

MONTI, Luisa Sturani. *Antologia della Resistenza.* Torino: Centro del Libro Popolare, 1951, pagg.46 e 293.

MOOSE, George. *Le Origini Culturali del Terzo Reich.* Milano: il Saggiatore SPA, 2008, pagg. 14, 20, 146 e 422.

NETO, Lira. *Getúlio 1930-1945: Do governo provisório à ditadura do Estado Novo.* São Paulo: Companhia das Letras, 2013.

PERAZZO, Priscila Ferreira. *Prisioneiros da Guerra – Os súditos do Eixo nos campos de concentração brasileiros (1942-1945).* São Paulo: Humanitas, 209, pagg. 36 e 61.

PETACCO, Arrigo. *La nostra guerra – 1940-1945.* Milano: Mondatori, 1995, pagg. 296 e 297.

PITALUGA, Plínio. *Relatório do 1º Esquadrão moto-mecanizado relativo à campanha da Itália.* Ministério da Guerra, 1946.

PLOKHY, S.M. *YALTA – The price of peace.* London: Penguin Books, 2010, pag. 120.

PLESCH, Dan. *America, Hitler and the UN – How the Allies Won World War II and Forged a Peace.* London: I.B. Taurus, 2011, pagg. 24 e 25.

RAUSCHNING, Hermann. *Hitler me dijo: confidencias del Führer sobre su plan de conquista del mundo.* 7.ed. Buenos Aires: Libreria Hachete, 1940.

RIBEIRO, Mariana Cardoso dos Santos. *De Volta ao Inferno. A expulsão de judeus durante o Governo Vargas (1933-1945).* In: CARNEIRO, Maria Luiza Tucci; CROCI, Federico. *Tempos de Facismos.* São Paulo: Edusp, 2010, pag.476.

ROBERTS, Geoffrey. *Stalin's General – The Life of Georgy Zhykov.* London: Icon Books, 2012, pagg. 224 e 230.

ROGERIO, Dezem. *Hi-No-Maru Manchado de Sangue: A Shindo Renmei e o DEOPS/SP.* In: "Imigrantes Japoneses no Brasil", Carneiro, Maria Luiza Tucci e Takeuchi, Marcia Yumi. São Paulo: Edusp, 2010.

ROSENHECK, Uri. *Olive Drab in Black and White: The Brazilian Expeditionary Force, The US Army and Racial National Identitymore.* http://lasa.international.pitt.edu, 2010.

RUY E BUONICORE, José Carlos e Augusto. *Contribuição à história do Partido Comunista do Brasil.* São Paulo: Fundação Maurício Grabois/Anita Garibaldi, 2010, pag. 75.

RYAN, Cornelius. *The Last Battle.* USA: Popular Library, 1966, pag. 507.

SÁ MOTTA, Rodrigo Patto. *Introdução à História dos Partidos Políticos Brasileiros.* Belo Horizonte: UFMG, 2008, pag. 60.

SAKURAI, Celia. *Imigração Japonesa para o Brasil. Um exemplo de imigração tutelada – 1908-1941*. http://www.clacso.org.ar/biblioteca. pag. 10.

SANDER, Roberto. *O Brasil na mira de Hitler – A história do afundamento de 34 navios brasileiros pelos nazistas*. Rio de Janeiro: Ponto de Leitura, 2007, pag. 31.

SARFATTI, Michele. *La Shoah in Italia- La persecuzione degli ebrei sotto Il fascismo*. Torino: Giulio Einaudi editore, 2005.

SEITENFUS, Ricardo. *O Brasil vai à guerra – O processo do envolvimento brasileiro na Segunda Guerra Mundial*. Barueri: Manole, 2003, pagg. 51, 139, 247, 280, 298 e 300.

SEMIRIAGA, M.I. *Missão libertadora das forces armadas soviéticas na segunda guerra mundial*. Livraria Ciência e Paz, 1985, pagg. 31 et seq.

SHERRATT, Yvonne. *Hitler's Philosophers*. New Haven (CT): Yale University Press, 2013, pagg. 101 e 102.

SILVA, Francisco Carlos Teixeira da. *O Brasil e a Segunda Guerra Mundial*. Rio de Janeiro: Multifoco, 2010.

SKIDMORE, Thomas E. *Brasil: de Getúlio a Castelo*. São Paulo: Paz e Terra, 1985, pagg. 52 e 82.

SODRÉ, Nelson Werneck. *Formação Histórica do Brasil*. 5.ed. Editora Brasiliense, 1969, pagg. 318, 320 e 329.

STEIL, Benn. *The Batlle of Bretton Woods*. New Jersey: Princeton University Press, 2013, pag. 14.

SULLA, Giovanni. *Avestruzes no céu da Itália: A Força Aérea Brasileira na campanha da Itália*. Italia: IL Fiorino, 2011.

TOGLIATI, Palmiro. *Lectures on Fascim*. London, 1976, pag. 1

_____. *Corso sulli avversari – Le Lezioni sul fascismo*. Milano: Einaudi, 2010, pag. 6.

TOOZE, Adam. *The Wages of Destruction*. London: Penguin Books, 2007. pagg. XXVI e 63.

TRENTO, Angelo. *Os italianos no Brasil: gli italiani in Brasile*. São Paulo: Prêmio, 2000.

WERNER, Herbert A. *Iron Coffins*. New York: Bantan Books, 1969. pag. XXI.

ZWEIG, Stefany. *Brasil um país do futuro*. Porto Alegre: Editora LPM Pocket, 2008, pagg. 117 e 122.

INDICE

A

Accordo Generale sulle Tariffe e il Commercio (GATT), 121
Alleanza Nazionale Liberatoria, ALN, 55
Alleati, 9-11, 24, 48, 67, 71, 73, 83, 90-1, 95, 97, 103, 107, 122, 124, 128-9
Amici d'Italia, 21-3
Aranha, Oswaldo, 64-5, 70, 83, 118
Araújo, Ernesto de, 76
Asse, 8-10, 24, 61-4, 71, 73-4, 80, 85, 126, 128-9
Assemblea Nazionale Costituente, 119
Aviazione Brasiliana, 98
Azione Integralista, AI, 56-7

B

Banca Mondiale, 107, 121
Barbarossa, 9, 47
Basbaum, Leôncio, 52, 54, 119
Battaglia d'Inghilterra, 47
Battaglia dell'Atlantico, 46
Brasile, 7, 9, 11, 17-20, 21-6, 51-68, 71-80, 83, 86, 88-90, 94, 98-9, 103-4, 107, 117, 119-23, 125-30

C

Campos, Francisco, 54
Carta Del Lavoro, 30
Castelo Branco, Humberto, 88
Chiesa Cattolica, 32, 35
Churchill, Winston, 8, 65, 86, 121
Ciano, Galeazzo, 34, 56
Codice Civile Tedesco, 44
Commissione Tecnica Militare Mista, 66
Comunismo, 28, 33
Congregazione Israelita Paulista, 58
Congresso Nazionale, 54
Convenzione di Ginevra, 74
Costituzione, 53-4, 37, 125
  Brasiliana, 119

del 1934, 7, 53-4
del 1937, 7, 54-5, 57
di Weimar, 41
Rivoluzione Costituzionalista di San Paolo, 52

D

Diritto Internazionale, 23, 65, 120-1, 137-40
Diritto Pubblico Internazionale, 25
Diritto Tedesco, 44
Divisione Garibaldi, 96
Dutra, Alfredo Soares, 76

E

Esercito del Brasile, 25, 66, 83
Esercito Rosso (Armata Rossa), 10-1, 41, 74, 105
Etiopia, 7, 9, 32

F

Fascismo, 23, 27-37, 41, 52, 55, 59, 105, 118, 124, 128
Fondo Monetario Internazionale, FMI, 107, 121
Forza Aerea Brasiliana, FAB, 11, 24-5, 66-7, 72, 75-6, 80, 94, 98-103, 113
Forza Aerea Tedesca Luftwaffe, 47, 91
Forza di Spedizione Brasiliana, FEB, 10-1, 17, 21-6, 83-108, 119, 126-7, 129-30
Forza di Spedizione Britannica, 46
Forze Armate del Brasile, 25, 99

G

Generali
Bernard Montgomery, 86
Carloni, Mario, 97
Carvalho, Leitão de, 66
Clark, Mark, 22, 95, 106, 120
Costa, Euclides Zenóbio da, 88, 93
De Gaulle, Charles, 8, 46
Dutra, Eurico Gaspar, 118-20
Farias, Cordeiro de, 88
MacArthur, Douglas, 106
Monteiro, Góis, 52, 118-9
Moraes, João Batista Mascarenhas de, 10, 86-8, 101, 107, 110, 120
Ord, Gareshe, 84
Patton, George S., 74, 86
Pizo, Otto Fetter, 97
Badoglio, Pietro, 47
Yamashita, Tomoyuki, 48
Giurati, Giovanni, 28
Gomes, Eduardo, 66
Goyos, Ruy de Noronha, 22, 89, 92, 94-5, 111-2
Grande Depressione, 30, 41, 108
Gruppo Pattugliamento del Sud, 76
Guerra Civile, 27, 33, 67, 90-1, 128
Guerra Fredda, 18, 119, 121, 128-9
Guerra Marittima, 26, 71-82

H

Hiroshima e Nagasaki, 125
Hitler, Adolf, 7, 9, 11, 24, 33, 40-7, 49, 56, 62, 90, 98, 106, 123
Germania, 7-9, 11, 23-5, 27, 33-5, 39-43, 45-6, 53, 56-9, 61-2, 64, 67, 71, 73, 83, 86, 91, 96, 98, 104-5, 124-6
Germania Nazista, 25, 33-5, 39-48, 56

I

Illuminismo, 28
Impero Giapponese, 73
Italia
    Immigrazione Italiana, 25
    Italia Fascista, 24, 27-37, 71, 86
    Partito Comunista Italiano, 32, 96
    Repubblica Italiana, 11, 21-2

K

Kopp, Theobaldo, 100
Kruel, Amaury, 88

L

Leggi di Norimberga, 45
Lend-Lease, 9, 25, 65, 75, 80
Lima, Ruy Moreira, 100
Linea Gotica, 92
Lispector, Clarice, 88
Lloyd Brasiliano, 78, 80
Lojacono, Vicenzo, 57

M

Mafia, 33, 124
Marcondes Filho, 74
Marina del Brasile, 24, 67-8, 75-81, 88
Martins, Dodsworth, 76
Massarosa, 10, 93
Medioevo, 30
Molotov, Vyacheslav, 46
Moura, Danilo, 100
Moura, Nero, 98
Müller, Filinto, 72
Mussolini, Benito, 7, 11, 23, 28-34, 36-7, 46, 48, 56, 59, 90-1, 104-5

N

Nazismo, 8, 10, 23, 40-2, 55, 60, 128

O

Onorata Società, 124
Organizzazione delle Nazioni Unite
    Carta delle Nazioni Unite, 11, 120
    Conferenza delle Nazioni Unite, 120
    Lega delle Nazioni, 32-3
    ONU, 79, 120-1, 126
Organizzazione Mondiale del Commercio, OMC, 121, 138-9
Ospedali
    Ospedale Giapponese Nippon Byoin, 60
    Ospedale Italiano Umberto I, 58-9
    Ospedale Tedesco Oswaldo Cruz, 59

P

Paes, Ismael da Motta, 104
Partigiani, 18, 91, 96-7, 100, 104-5, 128
Partito Comunista Brasiliano, PCB, 55
Partito Comunista del Brasile, 88, 130
Partito Nazionale Socialista dei Lavoratori Tedeschi, 40
Partito Nazista, 40, 42, 60
Partito Repubblicano Paulista, PRP, 52
Patto d'Acciaio, 33-4
Pearl Harbour, 9, 48, 64
Petacci, Claretta, 104
Pinto, Heráclito Fontoura Sobral, 54, 73, 118
Pitaluga, Plínio, 85, 97, 116
Prestes, Luiz Carlos, 56, 118
Prestito-Locazione, 65
Prima Guerra Mondiale, 23, 29, 39, 41

R

Razzismo, 24, 36, 44
Reale, Miguel, 56-7
Repubblica Democratica Tedesca, RDT, 125

Repubblica di Salò, 10, 90, 97, 105
Repubblica Federale della Germania, RFT, 125
Repubblica Francese, 46, 98
Repubbliche Socialiste Sovietiche, URSS, 9, 46-7, 119, 125, 127-8
Resstel, Rubens, 89, 115
Ribbentrop, Joachin von, 46
Rigo, Roberto, 78
Rinascimento, 30
Rivoluzione Russa, 41
Rommel, Erwin, 74
Roosevelt, Franklin D., 9-11, 24, 65, 78-9, 83-4, 121, 128

S
Salgado, Plínio, 56
Scuola di Aeronautica, 75
Seconda Guerra Mondiale, 7-8, 18, 23, 25, 35, 46, 62, 67, 73, 80, 87, 90, 106, 122, 124-5, 127-8
Senta a Pua, 18, 99
Singapore, 9, 48, 106
Socialismo, 28, 45
Sodré, Nelson Werneck, 51
Squadriglia di Collegamento e Osservazione della FAB, 101
Stalin, Joseph, 9-11, 106, 121
Stati Uniti D'America, USA, 9-10, 18, 22, 25, 41, 48, 53, 58, 62-5, 68, 72, 74-6, 78-80, 83-92, 95, 99, 102-4, 107, 119-25, 129

Stato Nuovo, 7, 53, 55-6, 58, 62, 74, 118-9, 128
Supremo Tribunale Federale, STF, 119
Szainberber, Salli, 98

T
Trattato di Unificazione, 125
Trotskij, Leon, 41, 44

U
Unicef, 121
Unione Nazionale degli Studenti, UNE, 72

V
Vargas, Getúlio, 7, 9, 11, 24, 51-7, 61-4, 69, 72-4, 78-9, 83-4, 108, 117-9, 122, 128-9
Vasconcelos, José Rebelo Meira de, 102
Versailles
   Pace de Versailles, 45
   Trattato di Versailles, 19, 39, 42

W
Washington Luís, 7, 51
Wood, Bretton, 10, 107-8

Z
Zhukov, Georgy, 105
Zweig, Stefan, 43, 122-3

Sull'autore

Durval de Noronha Goyos Junior è nato a São José do Rio Preto, nello Stato di San Paolo, in Brasile, l'8 giugno 1951, figlio di padre omonimo brasiliano e madre italiana, Maria Verginia Sabella. Ha studiato nelle scuole pubbliche di São José do Rio Preto e a Hartford, Connecticut, USA, come borsista dell'American Field Service. Nel 1996, a soli 15 anni, ha superato l'esame di specializzazione in lingua e cultura italiana, oggi parte dell'Unesp, con il voto 8, con la tesi "Il Concetto Estetico di Benedetto Croce".

Si è laureato in giurisprudenza presso la Pontificia Università Cattolica di San Paolo (PUC-SP) nel 1974 e ha convalidato il suo diploma presso l'Università di Lisbona, in Portogallo. Ha seguito corsi di post-laurea in giurisprudenza costituzionale americana presso l'Università della California (Hastings College of Law) e presso la PUC-SP, in diritto imprenditoriale.

È avvocato e svolge la sua funzione in Brasile (1974), in Inghilterra, in Galles (1999) e in Portogallo (1989). Ha fondato nel 1978 lo studio legale Noronha Advogados, che oggi ha 16 uffici in 8 Paesi (Brasile, USA, Regno Unito, Portogallo, Argentina, Cina, Sudafrica e India).

Noronha si è specializzato in diritto internazionale e lavora in diversi Paesi. Lo studio legale Noronha a Miami, fondato nel 1980, è stato il primo studio legale straniero nello Stato della Florida. Quello di Londra, fondato nel 1988, fu il primo latinoamericano, come quelli di Lisbona (1989), Zurigo (1989 – oggi chiuso), di Shanghai (2001), Sudafrica (2010) e India (2011).

Ha lavorato come rappresentante del Governo brasiliano in trattative del sistema multilaterale di commercio dell'Uruguay Round nell'ambito dell'Accordo Generale Sulle Tariffe e il Commercio (GATT). Ha sviluppato lavori per altri Paesi come il Sudafrica, l'Argentina, il Bangladesh, il Canada, la Cina, la Corea del Sud, l'India, la Thailandia e l'Uruguay. Svolge la funzione di arbitraggio presso l'Organizzazione Mondiale del Commercio (OMC) e presso il GATT, presso il Centro di Arbitraggio Internazionale della Cina (CIETAC), a Pechino e Shangai, e presso la Commissione Internazionale di Arbitraggio ed Economia e Commercio del Sud della Cina (SCIA).

Sviluppa attività accademiche in diversi Paesi, essendo stato professore e coordinatore delle lauree magistrali presso l'Università Cândido Mendes (Rio de Janeiro), attività di post-laurea in diritto del commercio internazionale e presso la Scuola Paulista di Giurisprudenza (San Paolo), programmi di diritto internazionale e diritto del commercio internazionale. È stato anche invitato a tenere seminari in oltre 50 istituzioni accademiche del Brasile.

All'estero, nella Repubblica Popolare Cinese, è stato invitato a tenere una conferenza presso l'Université di Shangai, l'Università di Fudam, l'Università del Commercio Estero, l'Università di Tsinghua, l'Università Centrale e L'Università di Scienze Politiche e giurisprudenza.

In India ha partecipato a diverse conferenze presso l'Istituto di Commercio Estero dell'Università Jawarhalal Nehru (la più rinomata istituzione accademica del Paese), presso l'International Management Institute, presso l'Università di Goa. In Sudafrica ha preso parte a conferenze presso l'Università Wits, l'Università di Città del Capo e l'Università del Sudafrica – UNISA (come ricercatore visitante). Negli USA ha tenuto conferenze presso l'Università del Sud della California, l'Università Duke, l'Università di Miami (consulente dell'Istituto Nord-Sud), l'Università di South Western e l'Università di San Diego. Nel Regno Unito presso l'University of East Anglia e l'Open University. In Italia presso l'Università di Trento e l'Università di Verona. In Portogallo presso l'Università di Lisbona e l'Università Autonoma di Lisbona. In Argentina presso l'Università 3 de Febrero.

Noronha ha pubblicato oltre 750 articoli in Brasile e all'estero, è stato editorialista della domenica del Jornal do Brasil per 6 anni, fino alla chiusura della versione su carta stampata nel 2010. I suoi articoli sono stati pubblicati sul giornale O Estado de São Paulo, Folha de São Paulo, Gazeta Mercantil, in Brasile, e Pravda e China Daily all'estero, oltre ad aver pubblicato molti articoli online su siti come *"Vermelho", "La onda"* e *"Última instância"*, in diverse lingue anche in portoghese, spagnolo, inglese, mandarino, russo, italiano e francese.

Ha pubblicato diversi libri sul diritto internazionale come:

- *Gatt, Mercosul e Nafta;*
- *L'OMC e i Trattati della Tavola dell'Uruguay;*
- *Saggi sul diritto internazionale;*
- *Il diritto del commercio internazionale;*
- *Trattati di difesa commerciale;*
- *Il nuovo diritto pubblico internazionale;*
- *Diritto agrario brasiliano e internazionale.*

Sulla Cina ha pubblicato:

- *La Cina dopo l'OMC – diritto e commercio;*
- *Il tramonto dell'Impero e l'alba della Cina.*

Sulla linguistica ha pubblicato:

- *Dizionario giuridico Noronha anglo-portoghese;*
- *Ricordando il portoghese con il dizionario degli anglicismi;*
- *Dizionario di mandarino Pinyin.*

Sull'economia ha pubblicato:

- *L'avvocato nelle relazioni estere brasiliane.*

Sulla storia ha pubblicato:

- *La marcia della Storia*;
- Il presente libro, *La campagna della Forza di Spedizione Brasiliana per la liberazione d'Italia.*

Noronha ha inoltre pubblicato diversi capitoli di libri sul diritto internazionale, il Brasile, la Cina e l'economia.

Noronha lavora come avvocato usando professionalmente la lingua portoghese, l'inglese, l'italiano e lo spagnolo. Parla correntemente e legge e scrive in francese. Parla correntemente il mandarino cinese. Legge e scrive in latino. Legge il tedesco.

È membro del Consiglio del Regno di Garotada di Poá (SP) dal 1988; Presidente del Consiglio degli Amici dell'Istituto Confucio dell'UNESP, San Paolo; membro del Consiglio del Centro di Studi delle Americhe e del Consiglio della Scuola Sérgio Vieira de Mello – EPAZ, entrambi presso l'Università Cândido Mendes, a Rio de Janeiro. È membro dell'Unione Brasiliana di Scrittori (UBE) ed è membro dell'Accademia di Lettere e Cultura e dell'Associazione Amici d'Italia di São José do Rio Preto.

Abita nelle città di San Paolo e São José do Rio Preto (SP), con due cani labrador, Juba e Yara, e a Londra, nel Regno Unito, con le figlie Anita e Gabriela.